Jeferson José Cardoso Franco

Como Elaborar Trabalhos Acadêmicos nos padrões da ABNT
Aplicando Recursos de Informática

2ª edição
atualizada e ampliada

Como Elaborar Trabalhos Acadêmicos nos Padrões da ABNT Aplicando Recursos de Informática - 2ª Edição Atualizada e Ampliada

Copyright© Editora Ciência Moderna Ltda., 2011.
Todos os direitos para a língua portuguesa reservados pela EDITORA CIÊNCIA MODERNA LTDA.
De acordo com a Lei 9.610, de 19/2/1998, nenhuma parte deste livro poderá ser reproduzida, transmitida e gravada, por qualquer meio eletrônico, mecânico, por fotocópia e outros, sem a prévia autorização, por escrito, da Editora.

Editor: Paulo André P. Marques
Produção Editorial: Aline Vieira Marques
Capa: Raul Rangel
Diagramação: Equipe Ciência Moderna
Revisão de Provas: Camila Cabete Machado
Assistente Editorial: Laura Souza

Várias **Marcas Registradas** aparecem no decorrer deste livro. Mais do que simplesmente listar esses nomes e informar quem possui seus direitos de exploração, ou ainda imprimir os logotipos das mesmas, o editor declara estar utilizando tais nomes apenas para fins editoriais, em benefício exclusivo do dono da Marca Registrada, sem intenção de infringir as regras de sua utilização. Qualquer semelhança em nomes próprios e acontecimentos será mera coincidência.

FICHA CATALOGRÁFICA

FRANCO, Jeferson Cardoso.
Como Elaborar Trabalhos Acadêmicos nos Padrões da ABNT Aplicando Recursos de Informática - 2ª Edição Atualizada e Ampliada
Rio de Janeiro: Editora Ciência Moderna Ltda., 2011

1. Elaboração de texto. Trabalho editorial. Preparação de originais
I — Título

ISBN: 978-85-399-0132-6   CDD 070.51

Editora Ciência Moderna Ltda.
R. Alice Figueiredo, 46 – Riachuelo
Rio de Janeiro, RJ – Brasil   CEP: 20.950-150
Tel: (21) 2201-6662 / Fax: (21) 2201-6896
LCM@LCM.COM.BR
WWW.LCM.COM.BR

"O único lugar onde sucesso vem antes do trabalho é no dicionário."

Albert Einstein (1879-1955)

Sumário

Lista de Abreviaturas	XIII
Lista de Gráficos, Figuras, Quadros e Tabelas	XV
Como Voa a Palavra...	XVII
Alguns comentários atuais (fev/2011)	XXI
Sobre a Associação Brasileira de Normas Técnicas (ABNT)	XXIII
Sobre ferramentas informatizadas atualmente disponíveis (fev/2011)	XXV
Sobre o sistema de avaliação "Projeto integrador" (*tendência*)	XXVII
Sobre a tendência à subst. de TCC ou monografia por art. científico	XXIX
Sobre os cursos superiores de graduação tecnológica (curta duração)	XXXI
Considerações Preliminares	XXXVII

1 ESTRUTURA DE UM TRABALHO ACADÊMICO 1
    1.1 Parte Pré-Textual 1
        1.1.1 Elementos Essenciais 2
        1.1.2 Elementos Opcionais 3
    1.2 Parte Textual 3
    1.3 Parte Pós-Textual 4
    1.4 Apresentação Gráfica 5

2 Editando Textos no Microsoft Word 2000® 9
- **2.1** Inserir Texto 9
- **2.2** Salvar um Documento 11
- **2.3** Fechar um Documento 11
- **2.4** Iniciar um Novo Documento 11
- **2.5** Abrir um Documento 12
- **2.6** Selecionar Texto 13
- **2.7** Recortar, Copiar e Colar Texto 14
- **2.8** Desfazer e Refazer Alterações 14
- **2.9** Localizar Texto 15
- **2.10** Ortografia e Gramática 15
- **2.11** Dicionário de Sinônimos 16
- **2.12** Negrito, Itálico e Sublinhado 17
- **2.13** Fonte, Tamanho e Cor 17
  - Alterar Fonte 17
  - Alterar Tamanho 17
  - Alterar Cor 18
- **2.14** Realçar o Texto 18
- **2.15** Bordas 18
- **2.16** Números e Marcadores 18
  - *2.16.1* Numeração 18
  - *2.16.2* Marcadores 19
- **2.17** Símbolos 20
- **2.18** Alinhamento 20
- **2.19** Recuar Parágrafos 20
- **2.20** Tabulação 21
- **2.21** Espaçamento da Linha 22
- **2.22** Quebra de Página 22
- **2.23** Inserir Figuras 22
- **2.24** Colunas 23
- **2.25** Números de páginas 23
- **2.26** Cabeçalho e Rodapé 24
- **2.27** Comentários 24

2.28	Imprimir um Documento	25
2.29	Tabela	26
2.30	Inserindo Equações (Fórmulas) no Microsoft Word 2000	28
	2.30.1 Inserir uma Equação	28
2.31	Como Padronizar as Citações Longas no Microsoft Word	29
2.32	Como Elaborar o Sumário de um Trabalho Acadêmico	30
2.33	Formatação dos Títulos e Subtítulos	31

3 TIPOS USUALMENTE EXIGIDOS DE TRABALHOS ACADÊMICOS 33

3.1	Resumo	33
	3.1.1 Conceito	33
	3.1.2 Sinopse	34
	3.1.3 Como Elaborar o Resumo	35
	3.1.4 Esquema	36
	3.1.5 Ferramenta AutoResumo do Microsoft® Word®	37
	3.1.6 Modelo de Resumo Pronto	38
3.2	Recensão	41
	3.2.1 Conceito	41
	3.2.2 Elaboração de Recensão	41
3.3	Fichamento	41
	3.3.1 Conceito	41
	3.3.2 Modelos de Fichamentos Prontos	43
3.4	Resenha	43
	3.4.1 Conceito	43
	3.4.2 Importância da Resenha	44
	3.4.3 Procedimentos	46
	3.4.4 Necessidades	46
	3.4.5 Dicas Importantes	46
	3.4.6 Apresentação Gráfica	47
	3.4.7 Estrutura da Resenha Crítica	48
	Apreciação	49
	3.4.8 Modelo de Resenha Pronto	50
	Referência Bibliográfica	50
	Credenciais do Autor	50

		Conhecimento	50
		Conclusões do Autor	51
		Apreciação	51
		Resenhista	51
3.5	Trabalho Acadêmico		52
	3.5.1	Conceito	52
	3.5.2	Elaboração de Trabalho Acadêmico	52
	3.5.3	Modelo de Trabalho Acadêmico Pronto	53
		Apresentação	57
		Introdução	57
	Definição de Termos		58
		Conceito de Direito	58
		Conceito de Eqüidade	59
Justiça como Eqüidade			60
Teoria de Justiça como Eqüidade			61
	Os Vários Ângulos da Justiça Aristotélica		61
		As Justiças Distributiva e Corretiva	61
		A Justiça como Virtude Geral e Especial	62
		A Justiça Especial Corretiva	63
	Postulados da Teoria da Justiça como Eqüidade		63
		1º Postulado	63
		2º Postulado	63
		Posição Original	64
Conclusão			65
		Referências	65
3.6	Seminário		67
	3.6.1	Conceito	67
	3.6.2	Tarefas em Grupo	67
	3.6.3	Tarefas Individuais	68
	3.6.4	Elaboração de Seminário	68
3.7	Apresentação de Trabalho Utilizando o Microsoft® PowerPoint® .		68
	3.7.1	Conceito	68
	3.7.2	Elaboração de Apresentação	69
	3.7.3	Estrutura de Apresentação	69

Sumário

	3.7.4	Como Obter Sucesso em uma Apresentação	69
	3.7.5	Modelo de Apresentação em Power Point Pronto	70
3.8	Artigo Científico		71
	3.8.1	Conceito	71
	3.8.2	Modelo de Artigo Científico Pronto	73
		Resumo	75
		Introdução	75
		Os Avanços da Tecnologia de Informação na Sociedade Contemporânea	76
		A Revolução da Tecnologia da Informação	77
		O Ser na Sociedade Informacional	78
		Paradigma da Tecnologia da Informação	79
		O Papel Central da Informação e do Conhecimento no Emergente Padrão Sócio-Técnico-Econômico	80
		Novos Modelos de Gestão e as Informações	81
		A Questão das Informações em Face dos Novos Modelos de Gestão	82
		Conclusão	83
		Referências Bibliográficas	84
3.9	Artigo Relatório		84
	3.9.1	Conceito	84
3.10	Comunicação Científica ou Paper		85
	3.10.1	Conceito	85
3.11	Informe Científico		85
	3.11.1	Conceito	85
	3.11.2	Elaboração de Informe Científico	85
3.12	Ensaio Científico		86
	3.12.1	Conceito	86
3.13	Relatório de Estágio Supervisionado		86
	3.13.1	Conceito	86
	3.13.2	Modelo de Relatório de Estágio Supervisionado Pronto	87
		Introdução	91

	Objetivos	91
	Objetivo Geral	91
	Objetivos Específicos	91
	A Empresa e o Controle de Fluxo de Caixa	92
	Atividades Desenvolvidas	92
	Situações Vivenciadas	93
	Recomendações para a Empresa	93
	Recomendações para o Curso	93
	Justificativa	94
	Referencial Teórico	94
	Metodologia da Pesquisa	95
	Tipo da Pesquisa	95
	População e Amostra	96
	Coleta de Dados	96
	Conclusão	96
	Referências	96
3.14	Relatório Técnico-Científico	97
	3.14.1 Conceito	97
	3.14.2 Elaboração de Relatório Técnico-Científico	98
3.15	Projeto Monográfico	98
	3.15.1 Conceito	98
	3.15.2 Elaboração de Projeto Monográfico	99
	3.15.3 Modelo de Projeto Monográfico Pronto	100
	Introdução	103
	Tema e Problema	103
	Objetivos	104
	Geral	104
	Específicos	104
	Justificativa	104
	Metodologia	104
	Tipo da Pesquisa	105
	Cronograma de Atividades	105
	Embasamento Teórico	106
	Referências Bibliográficas	108

3.16	Monografia	108
	3.16.1 Conceito	108
	3.16.2 Monografia no sentido estrito (Para graduação e lato sensu)	110
	3.16.3 Introdução (Motivação) (Objetivo o que se Pretende Apresentar)	111
	3.16.4 Revisão do Estado da Arte	111
	3.16.5 Análise	112
	3.16.6 Validação	112
	3.16.7 Conclusões	112
	3.16.8 Referências	113
	3.16.9 Apêndices e Anexos	113
	3.16.10 Elaboração de Monografia	114
	3.16.11	
	Estrutura Material da Monografia	115
	3.16.12 Digitação da Monografia	115
	3.16.13 Modelos de Elementos Pré-Textuais de Monografia	116

4 DETALHAMENTO 129
4.1	Notas de Rodapé	129
	4.1.1 Para que Servem as Notas de Rodapé	129
4.2	Uso de Citações	131
	4.2.1 Conceito	131
	4.2.2 Normas Para Apresentação de Citações	133
4.3	Como Referenciar	135
	4.3.1 Referência Bibliográfica e Bibliografia	135
	4.3.2 Elementos Essenciais e Elementos Complementares Separados por Tipo de Publicação	136
	Ordenação da Bibliografia	138
	Localização	138
4.4	Aspectos Gráficos	139
	4.4.1 Pontuação	139
	4.4.2 Maiúsculas	139

	4.4.3	Grifo	140
	4.4.4	Itálico	140
4.5	Autoria		140
	4.5.1	Autoria Pessoal	140
4.6	Elaboração de Referências Bibliográficas		144
4.7	Publicações Periódicas		150
	4.7.1	Consideradas no Todo	150
	4.7.2	Partes de Publicações Periódicas	151
4.8	Imprenta (Local, Editora e Data)		152
	4.8.1	Local	152
	4.8.2	Editora	152
	4.8.3	Data	152
4.9	Séries e Coleções		153
	4.9.1	Notas	153
4.10	Outros Tipos de Documentos		155
4.11	Documentos Eletrônicos		159

A CHECK LIST TRABALHOS ACADÊMICOS 163

B PROCESSO RESUMIDO PARA A NORMALIZAÇÃO PADRÃO ABNT PARA GRADUAÇÃO 165

Lista de Abreviaturas

ABNT – Associação Brasileira de Normas Técnicas

BBS – *Bulletin Board System* (Serviço de Quadro de Avisos)

Eletronic Mail – E-mail (Correio eletrônico)

FTP – *File Transfer Protocol* (Servidor de Banco de Dados)

IBGE – Instituto Brasileiro de Geografia e Estatística

ISBN – *International Standard Book Number* (Padronização internacional de número de livro)

ISSN – *International Standard Serial Number* (Número internacional para padronização de publicações seriadas)

MPE's – Micros e pequenas empresas

NBR – Norma brasileira

PIB – Produto Interno Bruto – PIB

SEBRAE – Serviço Brasileiro de Apoio às Micro e Pequenas Empresas

TCC – Trabalho de Conclusão de Curso

Lista de Gráficos, Figuras, Quadros e Tabelas

Gráfico 1 – Exemplo de gráfico de pizza. 6
Gráfico 2 – Exemplo de gráfico de barras. 7
Figura 2.1 – Página do Word. 10
Quadro 2.1 – Correspondência entre combinação de teclas e efeito de movimentação no word. 11
Figura 2.2 – Guia Salvar. 11
Figura 2.3 – Guia Fechar Arquivo. 13
Figura 2.4 – Guia Iniciar Novo Documento. 12
Figura 2.5 – Guia Abrir documento do Word. 14
Quadro 2.2 – Correspondência entre combinação de teclas e efeito de seleção de texto no word. 11
Figura 2.6 – Guia Localizar e substituir do Word. 17
Figura 2.7 – Guia Verificar Ortografia do Word. 17
Figura 2.8 – Guia Dicionário de sinônimos do Word. 19
Figura 2.9 – Opções de bordas do Word. 18
Figura 2.10 – Guia seleção de marcadores do Word. 18
Figura 2.11 – Tabulação do Word 20
Figura 2.12 – Alinhamento de texto do Word. 20
Figura 2.13 – Figura de exemplo inserida. 23

FIGURA 2.14 – Botão *Imprimir* do Word. 24
FIGURA 2.14 – Guia *Imprimir* do Word. 27
FIGURA 2.15 – Guia seleção de tabela do Word. 26
FIGURA 2.16 – Guia Lista de Formatos do Word. 29
TABELA 2.17 – Preços de Apostilas. 29
TABELA 2.2 – Horários de Aulas. 29
FIGURA 2.18 – Guia Lista de Formatos do Word. 37
FIGURA 3.1 – Menu Configurar Página do Word. 37

Como Voa a Palavra...

Leveza, rapidez, exatidão, visibilidade, multiplicidade, consistência – horaciano, espio em longa inquirição a exata meia dúzia do *fluido inimigo* drummondiano: palavras. Lançadas, irrevogáveis. De assim tão distante, lá do século derradeiro que antecedeu a Cristo, suspensas em aliteração, é que ouço o deslizar alado, entre suave e áspero, das palavras ancoradas na sentença de Horácio: "E a palavra, uma vez lançada, voa irrevogável". Como terra de garimpo que salta da pá, como diamante que escapa à lavra: palavra – cuja brutalidade nos ensina a arte de lapidar.

  Meia dúzia de palavras. Que dizem? E o que dizem, se está dito, por que irrevogável se torna? Que mistério elas, as palavras todas, nos acenam? Que mel e que fel elas contêm sob as pálpebras de seu imensurável olhar de plácida inquietude? Que temperos nos reservam o tato de seu ruidoso mosaico de aromas? Que alimento o pomar das palavras nos insinua? E que fazer diante do enigma, se não devorá-lo? Se não combatê-lo em corpo a corpo, poro a poro, até decifrá-lo?

  Em "O Lutador", Carlos Drummond de Andrade empenha-se na luta vã – qual seja, o poder de encantar palavras – do amanhecer às horas cerradas sob as portas das ruas do sono. Queixa-se do inimigo, queixa-se da intangibilidade com que as palavras se esquivam do justo combate:

Não encontro vestes,
não seguro formas,
é fluido inimigo
que me dobra os músculos
e ri-se das normas
da boa peleja.

Palavras: eis o objeto, mas o que ele nos diz? E, para que nos diga com precisão, o que devemos lhe perguntar? Com que método? E, se há caminho, por onde estender o novelo da referência para que seja claro o rastro da teoria?

E para que a hipótese se esclareça em conclusão, como indefectível encontro dos pezinhos delicados de Cinderela com sapatinhos perdidos, qual é, afinal, o segredo? Pois que se pergunte ao manual, ao guardião e árbitro de prometida peleja: Leveza? Rapidez? Exatidão? Visibilidade? Multiplicidade? Consistência?

Os autores Ana e Jeferson Franco, guardiões e árbitros de incontável combate, oferecem um guia com possibilidade de respostas. Veteranos em procedimentos de adequação de textos ao padrão acadêmico, com experiência suficiente para figurar em alentados e prescindíveis porta-fólios, Ana e Jeferson resolveram dar mais linha à pipa, ao tempo em que poderiam contribuir para um vôo sem turbulência, mais a jeito de brigadeiro.

É a tal mister que se propõe este manual: a fornecer passos seguros para que o realizador do texto acadêmico empreenda vôo de posse de um brevê calviniano. Que dê densas pistas para que a viagem seja leve, rápida, exata, visível, múltipla, consistente.

Foi a convite da Universidade de Harvard (Massachussets, EUA) que o pensador italiano Italo Calvino escreveria uma série de palestras, publicadas em 1988 sob o título de *Lezioni americane — Sei proposte per il prossimo millennio* (a versão brasileira, da Companhia das Letras, teve o título encurtado para *Seis propostas para o próximo milênio*). Calvino planejou escrever um conjunto de seis palestras, mas sua morte, em 1985, nos privaria de conhecer o tratamento que ele daria ao tema *consistência*. Portanto, é da evocação de seu derradeiro trabalho que ora tomo de empréstimo para configurar a qualificação que acredito fazer jus a este roteiro tão bem tecido por Ana e Jeferson.

A atenção ao critério da *leveza* foi sabiamente utilizada para que o guia não se deixasse sobrecarregar pelos armazéns de minúcias que fazem a história dos estoques que a ABNT revoga; a *rapidez* emoldurou a obra em uma feição própria para consulta facilitada, sem deixar que a soberba dos compêndios lhe atravancasse o manuseio; para a *exatidão*, os autores evitaram o vaivém de palimpsesto, do disse-desdisse, cujo desserviço para o consulente é sempre a companhia indesejável da insegurança; a *visibilidade* se manifesta na proposta de interação em que a própria composição da obra se consubstancia, pautada na observação dos quesitos técnicos exigidos; a versatilidade de sua utilização para diversas áreas de formação, atendendo a variada forma de texto acadêmico, expressa o critério de *multiplicidade* deste roteiro teórico-aplicativo; por fim, e com alguma licenciosidade, um avanço à *consistência* — que se não pôde tecê-la o pensador Italo Calvino, aqui, no propósito a que se destinou esta publicação, Ana e Jeferson bem a anunciam no adensamento de conteúdos que requer um trabalho desta natureza.

Eis o que se caminhou, e também aquilo que este caminho ensina a caminhar. Que seja boa a jornada, que o bom combate se faça. Sob bênçãos horacianas, drummondianas, calvinianas e de todo aquele que sabe que lutar com palavras é o irrevogável vôo de quem pousa âncoras na Academia. Ou revoa na arte da escritura.

Adilson Vilaça
Jornalista e escritor

Alguns comentários atuais (fev/2011)

E lá se vão cinco anos desde o lançamento da primeira edição, em 2006, hoje com tiragem de mais de dois mil e quinhentos exemplares vendidos em todo o Brasil.

Somam-se, portanto, mais de dez anos normalizando trabalhos acadêmicos.

Importante se faz destacar que a produção literária acadêmica reveste-se de grande importância, uma vez que pode refletir o estado de conhecimento do acadêmico em relação ao curso em que pretende se graduar, refletindo ainda o grau de competência e qualidade de apreensão do ensino ministrado pela instituição e, principalmente, apresentando o graduando para a sociedade como um todo e especificamente para o mercado de trabalho em que deseja se inserir no futuro.

Com relação à maioria das instituições de ensino superior no Brasil, salvo raras exceções, esta área do conhecimento (redação e publicação de trabalhos acadêmicos) é tratada como mais um componente do plano de disciplinas, não sendo conferida à produção literária acadêmica a devida valoração.

Quer me parecer que a maioria dessas instituições desconhece que o Sistema Nacional de Avaliação da Educação Superior (SINAES) avalia a produção acadêmico-literária depositada na biblioteca da instituição, de lavra própria de seus acadêmicos, influenciando o resultado dessa avaliação na avaliação final da instituição de ensino pelo SINAES.

Ou seja, além de possibilitar aos acadêmicos desenvolverem a escrita acadêmico-científica, que se refletirá na condução de sua vida profissional, o cuidado e o zelo com essa produção acadêmica podem representar méritos na pontuação total da avaliação realizada pelo citado SINAES, destacando mercadologicamente a instituição, uma vez que esse resultado pode (e é largamente) utilizado como gancho de marketing nas campanhas de publicidade e propaganda.

Outro destaque que pode ser mencionado é a possibilidade de que, no futuro, a produção acadêmica de graduação possa vir a ser avaliada pelos profissionais de Recursos Humanos (RH) dos possíveis empregadores, no momento da contratação, sendo as publicações contadas como títulos. Exemplo: Dois candidatos à mesma vaga empatam em todas as etapas do processo de recrutamento e seleção. Os analistas de RH poderão considerar o grau de qualidade, eficiência, atualidade e conteúdo etc. da redação, assim como o respeito à padronização regulamentada pela ABNT como meio de desempate dos candidatos. Nesse caso, é óbvio que o autor da(s) melhor(es) publicação(ões) acadêmico-científica(s) conquistará a vaga, suplantando a expectativa daquele outro candidato que negligenciou a redação de algum desses trabalhos acadêmicos.

Sobre a Associação Brasileira de Normas Técnicas (ABNT)

A Associação Brasileira de Normas Técnicas (ABNT), com sede administrativa e operacional no Rio de Janeiro/RJ (<www.abnt.org.br>), segundo define a própria instituição em sua página na Internet, é:

> (...) o órgão responsável pela normalização técnica no país, fornecendo a base necessária ao desenvolvimento tecnológico brasileiro. É uma entidade privada, sem fins lucrativos, reconhecida como único Foro Nacional de Normalização através da Resolução n.º 07 do CONMETRO, de 24.08.1992. É membro fundador da ISO (International Organization for Standardization), da COPANT (Comissão Panamericana de Normas Técnicas) e da AMN (Associação Mercosul de Normalização). A ABNT é a representante oficial no Brasil das seguintes entidades internacionais: ISO (International Organization for Standardization), IEC (International Eletrotechnical Comission); e das entidades de normalização regional COPANT (Comissão Panamericana de Normas Técnicas) e a AMN (Associação Mercosul de Normalização). (ABNT, [s.d.], [s.p.]).

As diversas áreas tecnológicas cujas normas são elaboradas e publicadas pela ABNT são divididas em 159 comitês, sendo que o Comitê Brasileiro 14 trata dos assuntos relacionados com a padronização de INFORMAÇÃO E DOCUMENTAÇÃO, atuando na normalização[1] no campo da informação e documentação compreendendo as práticas relativas a bibliotecas, centro de documentação e informação, serviços de indexação, resumos, arquivos, ciência da informação e publicação. (ABNT, [s.d.], [s.p.]).

---

1 É muito comum ocorrer confusão entre as palavras normalização (cujo significado é "ato ou efeito de normalizar; ação de tornar normal ou de restabelecer uma situação; regularização; definição de especificações técnicas, de normas e de métodos relativos a um produto; ato de adaptar um produto à norma ou aos padrões adaptados para esse tipo de produtos), enquanto Normatização/ normativo significa "que tem a qualidade ou força de norma (ciência, direito, gramática)."

Sobre ferramentas informatizadas atualmente disponíveis (fev./ 2011)

Com a informática, diversos recursos surgiram para facilitar as tarefas diárias, em vários campos do conhecimento. Exemplos que se adequam às demandas de redação e produção acadêmico-literária são a possibilidade de se traduzir um texto obtido em outro idioma que não o português brasileiro (veja Tradutor Bússola Escolar®em: <http://www.bussolaescolar.com.br/dicionarios.htm>). Observe-se que só é feita a tradução literal, sendo que a maioria dos textos necessita seja elaborada uma interpretação. Outra restrição da utilização desta ferramenta é necessidade de dicionários técnicos específicos para cada área do conhecimento tecnológico, não disponibilizados pela citada ferramenta.

Outra ferramenta interessante e que merece ser conferida é o Corretor Ortográfico da língua portuguesa brasileira UmPortugues®, disponibilizado na página: <http://www.umportugues.com/>. Desnecessário se faz observar que o aprofundamento do estudo das normas de correção ortográfica, principalmente em relação à recente reforma promovida em 1º de janeiro de 2009 jamais será substituída por qualquer recurso paliativo.

Outro recurso interessante e disponível tanto para acadêmicos quanto para professores-orientadores é um software desenvolvido/idealizado no Brasil pelo professor gaúcho Maximiliano Zambonatto Pezzin

(Engenheiro da Computação e Mestre em Ciência da Computação), intitulado Farejador de Plágio®, que possibilita a verificação de autenticidade da redação. Obtenha maiores informações na Internet em: <http://www.farejadordeplagio.com.br/index.php?Objetivo.html>.

Outra questão que julgo pertinente comentar nessa segunda edição é a confusão que normalmente ocorre entre professores-orientadores e redatores de trabalhos acadêmicos de graduação, em relação à aplicação das normas da ABNT para publicações acadêmicas. Geralmente, os professores-orientadores encontram-se participando de cursos de pós-graduação, nos quais a norma para paginação é diferente da aplicada nos trabalhos de graduação. O detalhe mais observado é com relação à paginação, sendo que nos trabalhos acadêmicos, como é demonstrado neste livro, só não é contada a capa. Nos trabalhos de pós-graduação, via de regra, a primeira página que é contada é aquela em que se iniciou o item INTRODUÇÃO, desprezando-se as capas e outros elementos pré-textuais nessa contagem.

Sobre o sistema de avaliação "Projeto integrador" (tendência)

Algumas instituições de ensino superior estão implantando um novo sistema de elaboração de Trabalho de Conclusão de curso de graduação intitulado Projeto Integrador (na maioria dessas instituições). Trata-se de um sistema em que o aluno, ao final dos períodos (semestres), desde o primeiro, redige um trabalho acadêmico abordando os temas das disciplinas que foram cursadas no semestre, em tese, como forma de reforçar o aprendizado e demonstrar a apreensão de conhecimento.

Vale dizer que este Projeto Integrador é desenvolvido em todos os semestres do curso, culminando com o último trabalho acadêmico, que substituiria o TCC ou monografia.

Sobre a tendência à substituição de TCC ou monografia por artigo científico

Observa-se, também, que algumas instituições revelam a tendência futura de substituírem os TCCs ou monografias de conclusão de curso por artigos científicos, incentivando e possibilitando a publicação dos textos científicos dos graduandos em revistas especializadas e, de certa maneira, em teoria, inserindo-os no mercado editorial e destacando-os em seu meio profissional.

O intuito desta informação é apenas esse: informação. Não tecerei considerações favoráveis ou desfavoráveis, uma vez que trata-se de um sistema em teste, não existindo (ao menos ao meu alcance) pesquisas que reflitam o comportamento deste método de avaliação.

Sobre os cursos superiores de graduação tecnológica (curta duração)

Visando capacitar a força de trabalho brasileira em nível superior, com vistas a atualizar tecnologicamente essa mão de obra, em espaço de tempo sensivelmente menor que os atuais prazos dsemandados para graduação em nível de bacharelado, a graduação tecnológica superior (curso tecnológico de curta duração) é um tipo de curso de educação profissional do sistema educativo brasileiro, no qual podem ingressar os titulares de um diploma de ensino médio, mediante processo seletivo normal das instituições de ensino superior. Os cursos tem uma duração média de dois anos e pela sua conclusão com aproveitamento é conferido um diploma de graduação e atribuído o título de tecnólogo. A regulamentação destes cursos é feita pela Lei de Diretrizes e Bases da Educação

    Habilita o seu titular a ser um tecnólogo (cf. Dicionário Aurélio (2009, p. 523) "mão-de-obra especializada em diversas áreas do conhecimento, voltado a diversos segmentos de negócio - comércio, indústria e serviços. Oferecida igualmente por universidades ou faculdades e sua duração varia entre 2 a 3 anos."

Exemplos: Tecnólogo em Marketing de Vendas, Tecnólogo em Meio Ambiente, Tecnólogo em Design de interiores, Tecnólogo em Design de Moda, Tecnólogo em Gestão de Eventos, Tecnólogo em Gestão Tributária, Tecnólogo em Gestão Empresarial, Tecnólogo em Construção Civil, Tecnólogo em Citotecnologia, Tecnólogo em Sistemas de Informação, Tecnólogo em Informática, Tecnólogo em Gestão de Recursos Humanos; Tecnólogo em Logística; Tecnólogo em Marketing; Tecnólogo em Produção Audiovisual; Tecnólogo em Produção Multimídia; Tecnólogo em Gestão Ambiental; Tecnólogo em Estética e Cosmética; Tecnólogo em Tecnologia Assistiva; Tecnólogo em Tecnologia da Informação; Tecnólogo em Análise e Desenvolvimento de Sistemas; Tecnólogo em Gestão da Tecnologia da Informação; Tecnólogo em Jogos Digitais; Tecnólogo em Redes de Computadores; Tecnólogo em Sistemas para Internet; Tecnólogo em Eventos; Tecnólogo em Gastronomia; Tecnólogo em Hotelaria; entre outros.

A graduação tecnológica situa-se no contexto da Lei de Diretrizes e Bases da Educação (LDB), de 1996, que propôs a Reforma da Educação Profissional e, dessa forma, passou a organizá-la como modalidade capaz de perpassar os níveis básico e superior da Educação. Portanto, é oficializada pelo Ministério da Educação (MEC) e possui Diretrizes Curriculares Nacionais aprovadas pelo Conselho Nacional de Educação.

Muitos confundem o "Tecnólogo" com o "Técnico", porém a Graduação Tecnológica é mais abrangente, vez que, além de conhecimentos das técnicas - como fazer - essa formação oferece a base teórica - porque fazer. Conforme o Catálogo Nacional de Cursos Superiores de Tecnologia, disponível no site do MEC, os tecnólogos são "profissionais de nível superior com formação para a produção e a inovação científico-tecnológica e para a gestão de processos de produção de bens e serviços".

Por ser uma formação de nível superior, o egresso dos cursos de Graduação Tecnológica, estão habilitados a cursar pós-graduação - MBA, Mestrado ou doutorado.

Veja também no Portal do MEC: Lei de Diretrizes e Bases da Educação Nacional e RESOLUÇÃO CNE/CP 3, DE 18 DE DEZEMBRO DE 2002 (FONTE: WIKIPÉDIA, a enciclopédia livre).
Conforme teor da Resolução CNE/CP 3, de 18 de dezembro de 2002:

> Art. 1º A educação profissional de nível tecnológico, integrada às diferentes formas de educação, ao trabalho, à ciência e à tecnologia, objetiva garantir aos cidadãos o direito à aquisição de competências profissionais que os tornem aptos para a inserção em setores profissionais nos quais haja utilização de tecnologias.
> Art. 2º Os cursos de educação profissional de nível tecnológico serão designados como cursos superiores de tecnologia e deverão:
> I - incentivar o desenvolvimento da capacidade empreendedora e da compreensão do processo tecnológico, em suas causas e efeitos;
> II - incentivar a produção e a inovação científico-tecnológica, e suas respectivas aplicações no mundo do trabalho;
> III - desenvolver competências profissionais tecnológicas, gerais e específicas, para a gestão de processos e a produção de bens e serviços;
> IV - propiciar a compreensão e a avaliação dos impactos sociais, econômicos e ambientais resultantes da produção, gestão e incorporação de novas tecnologias;
> V - promover a capacidade de continuar aprendendo e de acompanhar as mudanças nas condições de trabalho, bem como propiciar o prosseguimento de estudos em cursos de pós-graduação;
> VI - adotar a flexibilidade, a interdisciplinaridade, a contextualização e a atualização permanente dos cursos e seus currículos;
> VII - garantir a identidade do perfil profissional de conclusão de curso e da respectiva organização curricular.
> (...)
> Art. 4º Os cursos superiores de tecnologia são cursos de graduação, com características especiais, e obedecerão às diretrizes contidas no

Parecer CNE/CES 436/2001 e conduzirão à obtenção de diploma de tecnólogo.

§ 1º O histórico escolar que acompanha o diploma de graduação deverá incluir as competências profissionais definidas no perfil profissional de conclusão do respectivo curso.

§ 2º A carga horária mínima dos cursos superiores de tecnologia será acrescida do tempo destinado a estágio profissional supervisionado, quando requerido pela natureza da atividade profissional, bem como de eventual tempo reservado para trabalho de conclusão de curso.

§ 3º A carga horária e os planos de realização de estágio profissional supervisionado e de trabalho de conclusão de curso deverão ser especificados nos respectivos projetos pedagógicos.

Art. 5º Os cursos superiores de tecnologia poderão ser organizados por módulos que correspondam a qualificações profissionais identificáveis no mundo do trabalho.

§ 1º O concluinte de módulos correspondentes a qualificações profissionais fará jus ao respectivo Certificado de Qualificação Profissional de Nível Tecnológico.

§ 2º O histórico escolar que acompanha o Certificado de Qualificação Profissional de Nível Tecnológico deverá incluir as competências profissionais definidas no perfil de conclusão do respectivo módulo. (BRASIL, Res. CNE/CP 3/2002).

Segundo João Carlos de Souza, Coordenador do Centro Tecnológico da Faculdade Novo Milênio, de Vila Velha/ES, no Projeto Pedagógico do Curso Superior de Tecnologia em Logística (2010):

11. CONTEÚDOS E BASES CURRICULARES - O Curso de Tecnologia e Gestão em Logística tem como ênfase a formação de profissionais com sólidos conhecimentos teóricos e práticos, voltados à absorção, à utilização e à integralização de tecnologias inovadoras da área de Logística. Um currículo centrado no desenvolvimento de competências implica em um ambiente

andragógico caracterizado pela adoção de alternativas metodológicas vivenciais, dinâmicas e ativas, centradas no estudante como protagonista do seu próprio aprendizado.

As disciplinas do Curso de Tecnologia e Gestão em Logística priorizam as atividades práticas, trabalho em equipe, uso de laboratórios, pesquisa e desenvolvimento de projetos tecnológicos e atividades complementares e de extensão que possibilitam ao estudante colocar em ação suas competências elaboradas - conhecimentos, habilidades e atitudes - para resolução dos diversos tipos de problemas relacionados à sua área profissional.

11.1 - Projeto Tecnológico Integrador - A coordenação do curso, em consonância com seu Colegiado e amparada pelo disposto no Parecer CNE/CP nº 29/2002, decidiu-se pela não inclusão do Trabalho de Conclusão de Curso (TCC) e optou pela metodologia de elaboração do Projeto Tecnológico Integrador, que tem a perspectiva de transversalizar o conhecimento construído em cada uma das Unidades de Estudo (disciplinas) de cada um dos 4 (quatro) módulos que compõem o Curso Superior de Tecnologia em Logística da Faculdade Novo Milênio.

11.2 – Atividades Complementares - As Atividades Complementares previstas na sua organização curricular serão integralizadas por meio de participação em eventos acadêmicos e extra-acadêmicos, devidamente comprovados, pertinentes a sua formação, em conformidade com o Capítulo 14 - Projeto de Extensão e Atividades Complementares do Projeto Pedagógico do Curso Superior de Tecnologia em Logística. (SOUZA, 2010, p. 59-61).

Considerações Preliminares

A necessidade da publicação deste livro surgiu da constatação da dificuldade encontrada por redatores de trabalhos acadêmicos de diversas naturezas quanto a aplicação prática das normas da Associação Brasileira de Normas Técnicas – ABNT, em relação à elaboração, formatação e apresentação, associada à necessidade moderna de utilização de editores de textos produzidos em computadores.

Trabalhando há cinco anos na prestação de serviços de assessoria e consultoria para a elaboração desses trabalhos, nas Regiões Metropolitanas de Belo Horizonte – MG e da Grande Vitória (Vila Velha) – ES, pudemos observar que estudantes universitários de diversos níveis, quando do momento da elaboração e apresentação de seus trabalhos obrigatórios de conclusão de cursos superiores de graduação, pós-graduação, mestrado e doutorado, enfrentam verdadeiro desespero diante da relatada dificuldade na interpretação tanto das normas técnicas da ABNT quanto da associação dessas normas com a real aplicação prática no uso de computadores.

A publicação deste livro justifica-se pela falta quase total de publicações técnico-científicas didaticamente acessíveis, com linguagem clara e simples, guardadas as proporções que um trabalho que aborde normas técnicas exige.

Diante dessa realidade, partimos para a publicação deste livro que, em nosso entender, reveste-se de importância capital na medida em que associa as normas da ABNT com os recursos da informática, informando, passo a passo, o que é cada tipo de trabalho acadêmico, finalidade, quais são seus componentes obrigatórios e como elaborá-los, ilustrando de forma didática e acessível (com exemplos dispostos em figuras e em modelos de trabalhos acadêmicos prontos).

Nossa intenção é, portanto, disponibilizar um manual prático de elaboração de trabalhos acadêmicos com a aplicação de recursos de editores de textos informatizados, contribuindo, assim, para a elevação do nível das publicações acadêmicas, auxiliando na redução dos níveis de dificuldade encontrados pelos universitários que concluem seus cursos a cada semestre, tanto nas instituições de ensino superior públicas quanto nas instituições de caráter privado.

Por se tratar de matéria dinâmica e sujeita a constantes alterações e atualizações, assim como de interpretações específicas de cada instituição de ensino, não pretendemos esgotar o assunto com a publicação deste manual, sendo antes nossa intenção no sentido de agregar e não de dividir opiniões ou polemizar.

Estamos, naturalmente, abertos às críticas e sugestões, uma vez que, em função da complexidade e variedade do tema abordado, lapsos poderão ser identificados, demandando futura correção em edições posteriores.

O mais importante fator a ser levado em conta na avaliação desta publicação, em nosso entender, deve ser a honesta e despretensiosa tentativa no sentido de tornar acessível publicamente, uma ferramenta que auxilie o redator de trabalhos acadêmicos, assessorando-o, remotamente, no cumprimento das exigências formais de elaboração e publicação, liberando-o para concentrar-se na área que mais importa para seu futuro acadêmico: o conteúdo de seu trabalho.

Os contatos, críticas construtivas, sugestões e movimentos destas naturezas serão muito bem-vindos, se encaminhados para os endereços:

E-mails: solucaonormas@yahoo.com.br
franco.jeferson@gmail.com
escritorjefersonfranco@yahoo.com.br

Estrutura de um Trabalho Acadêmico

A estrutura de um trabalho científico é composta de três partes fundamentais (ABNT, 2002):
- ✓ Pré-textual;
- ✓ Textual;
- ✓ Pós-Textual.

1.1 Parte Pré-Textual

Elementos que antecedem o texto principal:
- ✓ Capa;
- ✓ Errata;
- ✓ Folha de Rosto;
- ✓ Folha de Aprovação;
- ✓ Folha da Ficha Catalográfica;
- ✓ Dedicatória;
- ✓ Agradecimentos;
- ✓ Epígrafe;
- ✓ Resumo em português;
- ✓ *Abstract* (Resumo em outro idioma, normalmente o inglês);
- ✓ Lista de siglas, abreviaturas etc.;
- ✓ Lista de ilustrações (quadros, figuras, tabelas);
- ✓ Sumário.

1.1.1 Elementos Essenciais

Capa – Deve conter os seguintes elementos:
- ✓ nome da instituição;
- ✓ autor(es);
- ✓ título e subtítulo;
- ✓ local e ano de publicação.

Lombada – recomenda-se que na lombada constem as seguintes informações: nome do autor, título, sigla da unidade e ano de publicação, para auxiliar na identificação do documento nas estantes.

Errata – Trata-se de uma lista contendo as correções, páginas onde ocorreram e, se possível, indicação das linhas em que ocorreram. Posicionada antes da folha de rosto.

Folha de Rosto – é composta pelos seguintes itens:
- ✓ título e subtítulo;
- ✓ autor(es);
- ✓ especificação do grau e da instituição de ensino a que vai ser submetido o trabalho;
- ✓ orientador com a sua titulação;
- ✓ local e ano de publicação.

Folha de Aprovação – devem constar o título do documento, a indicação da autoria, dos professores que constituíram a Banca Examinadora e do Orientador, com suas respectivas credenciais; local e ano de publicação.

Ficha Catalográfica – devem constar os dados que identificam o trabalho, seguindo as regras de catalogação vigentes. Normalmente, as bibliotecas das instituições contam com bibliotecários capacitados para executarem este serviço.

Resumo – deve-se constituir em uma apresentação concisa do texto do trabalho, com até 250 palavras, que sintetizem o seu conteúdo, sendo escrito em português (ABNT, 2002).

Abstract – deve apresentar a versão do resumo para o inglês.

Listas de Siglas, Abreviaturas etc. – bem como as de *Ilustrações* – devem conter as informações em uma ordem pré-determinada (alfabética, numérica etc.).

Sumário – consiste na "enumeração das principais divisões, seções e outras partes de um documento, na mesma ordem em que a matéria nele se sucede" (ABNT, 2002, p. 1).

Os títulos das divisões ou seções devem ser relacionados ao número da página em que eles iniciam ou ao número das suas páginas extremas (inicial-final).

1.1.2 Elementos Opcionais

A Dedicatória, os Agradecimentos, a Epígrafe, os Apêndices e os Anexos são itens opcionais, mas contribuem para a identificação do trabalho de pesquisa.

1.2 Parte Textual

Esta parte deve ser composta dos seguintes itens:
- ✓ Introdução;
- ✓ Revisão da Literatura ou Referencial Teórico;
- ✓ Material e Método;
- ✓ Resultados;
- ✓ Discussão;
- ✓ Conclusões;
- ✓ Recomendações.

Estes itens podem aparecer isolados ou reunidos em um ou mais capítulos, ou de acordo com a escolha do autor, sob outras terminologias.

Introdução – faz-se a apresentação do trabalho, indicando os motivos que levaram à pesquisa, os objetivos, a justificativa e a delimitação do estudo.

Revisão Bibliográfica – deve ser efetuado um levantamento exaustivo, fornecendo uma visão geral do que já existe escrito sobre o assunto e que tenha sido tomado como base para a investigação. Na elaboração deste capítulo são usadas as citações e as notas bibliográficas e explicativas (no texto ou em notas de rodapé).

Material e Método – deve ser indicado o material que foi manipulado para o levantamento dos dados da pesquisa e a descrição da metodologia usada nesse levantamento.

Resultados – devem ser apresentados de forma clara e objetiva. Podem ser usadas, para isso, tabelas ou quadros, cujos dados devem ser analisados e discutidos.

Discussão – deve ser feita uma análise crítica dos resultados, relacionando-os à teoria e/ou à revisão da literatura.

Conclusões – são apresentadas deduções lógicas, fundamentadas no texto e decorrentes da pesquisa.

Recomendações – sugestões para a implementação da pesquisa também podem ser incluídas no trabalho.

1.3 Parte Pós-Textual

Nesta parte estão incluídos os seguintes itens:
- ✓ Referências;
- ✓ Apêndices / Anexos;
- ✓ Glossário.

Referências – conjunto padronizado de elementos descritivos, retirados de um documento que permite sua identificação individual. (ABNT, 2000).

A lista das publicações citadas na pesquisa, ou que serviram de fundamento para o desenvolvimento da mesma, deve constar de um item à parte, denominado Referências.

Anexos – devem constar tabelas com dados suplementares, citações muito longas, leis ou pareceres de suporte para o trabalho.

Apêndice – trata-se dos documentos produzidos pelo(s) próprio(s) pesquisador(es).

Também para facilitar a consulta, os Apêndices e Anexos devem ser classificados alfabeticamente (Anexo A, Anexo B etc.), seqüencialmente, sendo acompanhados de um título objetivo.

1.4 Apresentação Gráfica

Papel – Os trabalhos devem ser apresentadas em papel branco, tamanho A-4 (21 cm x 29,7 cm).

Impressão – O texto deverá ser impresso por computador em espaço 1,5 ou 2 linhas, devendo ser usado apenas um lado da folha de papel.

Margem – Deve ser de 3 cm nas margens superior e esquerda e de 2 cm nas margens inferior e direita (podendo variar de acordo com a instituição de ensino).

Paginação – Considerando-se que, na maioria dos trabalhos acadêmicos, os elementos pré-textuais (exceto a Capa) são contados, porém não devem exibir a numeração de páginas, um recurso eficaz é a criação de arquivo separado para a edição dos elementos pré-textuais. Portanto, para a maioria dos trabalhos acadêmicos, todas as páginas, com exceção da Capa, deverão ser numeradas (numeração no canto superior direito da página, em algarismos arábicos). Para as Dissertações e Teses são usados dois tipos de algarismos: os romanos (minúsculos), centralizados, mostrados na parte inferior das páginas pré-textuais e os algarismos arábicos para as páginas textuais, mostrados na parte superior direita. Os elementos pós-textuais (Apêndices, Anexos etc.) não devem exibir a numeração de páginas. (NBR 14724:2002).

Todas as páginas, com exceção da *Folha de Rosto* e da que começa a parte textual, deverão ser numeradas (numeração no canto superior direito da página). São usados dois tipos de algarismos: os romanos (minúsculos) para as páginas pré-textuais e os arábicos para as páginas textuais e pós-textuais. (ABNT – NBR 14724/2002).

Tabelas, Quadros e Figuras – Devem conter um título objetivo e expressivo e sua numeração deve ser seqüencial, em algarismos arábicos, para facilitar a consulta, sempre que necessária. Segundo o IBGE (1979), as Tabelas se diferenciam dos Quadros porque nestes os dados vêm limitados por linhas em todas as margens e naquelas as linhas de delimitação só aparecem na parte superior e inferior.

Ilustrações – Os gráficos (Gráficos 1 e 2) e figuras deverão constar na própria folha do texto. Estas ilustrações poderão ser dispostas na posição horizontal da página, caso necessário.

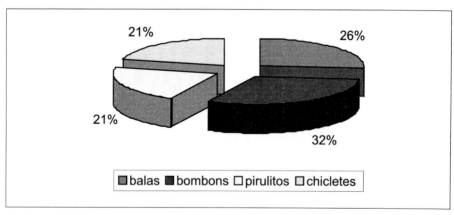

Fonte: autores.

Gráfico 1 – *Exemplo de gráfico de pizza.*

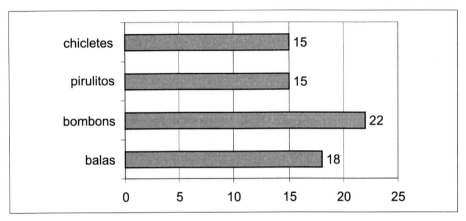

Fonte: autores.

Gráfico 2 – *Exemplo de gráfico de barras.*

Numeração das Seções – As partes ou seções do texto devem ser numeradas em ordem progressiva, sendo que seus títulos devem ser impressos de forma a sobressair a hierarquia utilizada nas subdivisões (ABNT, 2002).

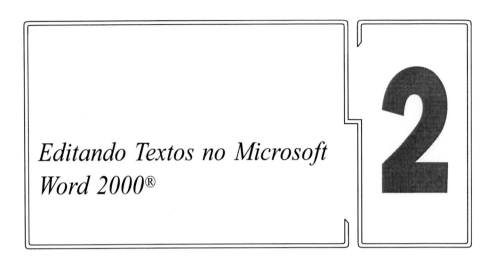

Editando Textos no Microsoft Word 2000®

Para iniciar o editor de textos *Microsoft Word 2000*, dê um clique sobre o botão Iniciar da barra de tarefas, posicione-se sobre o item Programas e clique sobre *Microsoft Word*.

2.1 Inserir Texto

Ao abrir o Word, você pode começar a inserir texto imediatamente em um documento. Observe que o Word sempre começa com um documento padrão chamado *Documento1*, com o cursor no topo do documento, onde o texto que você digita irá aparecer (Figura 2.1).

Às vezes, você deseja mover-se ao longo do documento e posicionar o cursor em diferentes locais para acrescentar texto. Você pode dar um clique nas barras de rolagem para mover o documento na tela; você pode pressionar as teclas no teclado a fim de mover o cursor ao longo do documento.

Use as seguintes teclas no teclado para navegar em um documento (Quadro 1):

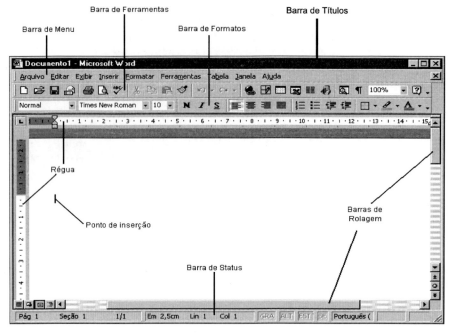

Figura 2.1 – *Página do Word.*

Fonte: Microsoft Word.

QUADRO 2.1 – Correspondência entre Combinação de Teclas e Efeito de Movimentação no Word

Para mover	*Pressione*
Um caractere à direita	Seta para direita
Um caractere à esquerda	Seta para esquerda
Uma linha acima	Seta para cima
Uma linha abaixo	Seta para baixo
Palavra anterior	Ctrl + seta esquerda
Próxima palavra	Ctrl + seta direita
Início de uma linha	Home
Fim de uma linha	End
Fim do documento	Ctrl + End

Fonte: Microsoft Word.

2.2 Salvar um Documento

a) para salvar um documento, dê um clique no botão (🖫) *Salvar* na barra de ferramentas Padrão;
b) escolha a pasta em que deseja armazenar o documento (*Salvar em:*), dê um nome para o documento (*Nome do arquivo:*) e clique em *Salvar*;
c) sempre que fizer alguma alteração em um documento já existente e fechar o documento, o Word lhe perguntará se deseja salvar as alterações (Figura 2.2).

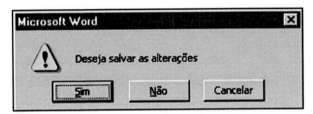

Figura 2.2 – *Guia Salvar.*

Fonte: Microsoft Word.

2.3 Fechar um Documento

Para fechar um documento, dê um clique em *Arquivo/Fechar*. Será fechado somente o documento atual, deixando o Word livre para iniciar um novo documento.

2.4 Iniciar um Novo Documento

a) para iniciar um novo documento, clique no botão (🗋) *Novo*;
b) para iniciar um novo documento de exemplo, clique em *Arquivo/ Novo*; escolha um exemplo entre as várias Guias (Figura 2.3).

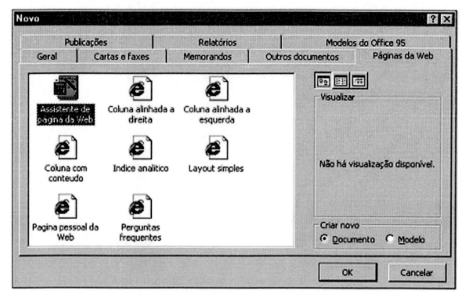

Figura 2.3 – *Guia Iniciar novo documento.*

Fonte: Microsoft Word.

2.5 Abrir um Documento

a) para abrir um documento, clique no botão ( ) *Abrir*;
b) escolha o documento clicando em *Examinar*, procure o documento entre suas pastas (Figura 2.4);
c) clique em *Abrir*.

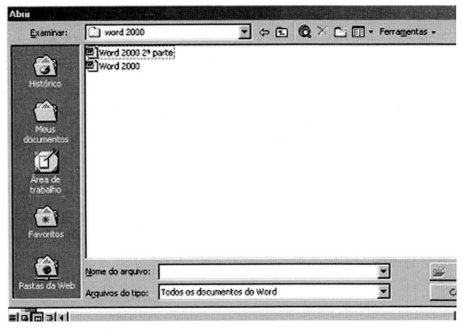

Figura 2.4 – *Guia Abrir Documento do Word.*

Fonte: Microsoft Word.

2.6 Selecionar Texto

a) para selecionar parte de um texto, clique no fim ou início do texto que você deseja selecionar (clique na margem esquerda se você deseja selecionar a linha inteira);

b) pressione e mantenha pressionado o botão esquerdo do mouse enquanto arrasta o ponteiro sobre o texto que deseja selecionar. Depois, solte o botão do mouse.

Use as seguintes teclas para selecionar texto em um documento (Quadro 2.2):

QUADRO 2.2 – **Correspondência entre Combinação de Teclas e Efeito de Seleção de Texto no Word**

Para	Pressione
Selecionar o documento inteiro	Ctrl + T
Selecionar um caractere à direita	Shift + seta direita
Selecionar um caractere à esquerda	Shift + seta esquerda
Selecionar uma palavra à direita	Shift + Ctrl + seta direita
Selecionar uma palavra à esquerda	Shift + Ctrl + seta esquerda
Selecionar até o início do parágrafo	Shift + Ctrl + seta para cima
Selecionar até o fim do parágrafo	Shift + Ctrl + seta para baixo
Selecionar até o fim do documento	Shift + Ctrl + End
Selecionar até o início do documento	Shift + Ctrl + Home

Fonte: Microsoft Word

2.7 Recortar, Copiar e Colar Texto

a) selecione o texto que você deseja recortar e colar;
b) clique no botão ( ) *Recortar* na barra de ferramentas Padrão;
c) selecione um parágrafo que você deseja copiar e colar;
d) clique no botão ( ) *Copiar* na barra de ferramentas Padrão;
e) clique para posicionar o cursor no documento onde você deseja colar o texto;
f) clique no botão ( ) *Colar*.

2.8 Desfazer e Refazer Alterações

Às vezes, você faz alterações no texto e depois decide que não quer a alteração. Em vez de começar de novo, você pode desfazer e refazer as alterações.

a) digite algum texto em um documento (por exemplo, Impacto Negativo);
b) clique no botão ( ) *Desfazer* na barra de ferramentas Padrão e o texto desaparece;
c) clique no botão ( ) *Refazer* na barra de ferramentas Padrão e o texto reaparece.

2.9 Localizar Texto

Você pode usar o recurso *Localizar* do Word para localizar um texto, caracteres, formatação de parágrafos ou até mesmo caracteres especiais.
Para localizar determinado texto em um documento:
   a) clique em *Editar/Localizar*;
   b) digite a palavra a ser localizada no espaço *Localizar*;
   c) clique em *Localizar próxima*.

Você pode localizar e substituir texto:
   a) clique em *Editar/Localizar* (Figura 2.5);
   b) na Guia *Substituir*, digite a palavra ou o termo a ser localizado no espaço *Localizar*, e digite a palavra ou o termo que deseja substituir em *Substituir por*:
   c) clique em *Substituir*.

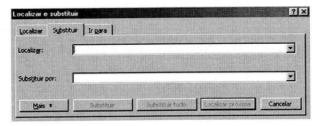

Figura 2.5 – *Guia Localizar e substituir do Word.*

Fonte: Microsoft Word.

2.10 Ortografia e Gramática

O Word 2000 exibe linhas onduladas vermelhas abaixo das palavras que julga estarem erradas e linhas onduladas verdes abaixo de sentenças que julga estarem com problemas gramaticais. Para verificar ortografia e gramática em seu documento, clique no botão ( ) *Ortografia e Gramática* (Figura 2.6).

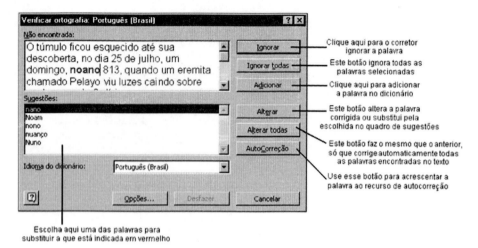

Figura 2.6 – *Guia Verificar Ortografia do Word.*

Fonte: Microsoft Word.

2.11 Dicionário de Sinônimos

O dicionário de sinônimos do Word é uma ferramenta que ajuda a substituir palavras por outras mais adequadas (Figura 2.7).

Figura 2.7 – *Guia Dicionário de sinônimos do Word.*

Fonte: Microsoft Word.

Você deve selecionar a palavra cujos sinônimos deseja verificar. Pressione as teclas [Shift] + [F7] para acessar o dicionário de sinônimos do Word. Você pode Substituir essa palavra ou Consultar seus sinônimos.

2.12 Negrito, Itálico e Sublinhado

a) selecione o texto que você deseja formatar;
b) clique no botão (**N**) Negrito para aplicar a formatação **Negrito** ao texto;
c) clique no botão (*I*) Itálico para aplicar a formatação *Itálico* ao texto;
d) clique no botão (S) Sublinhado para aplicar a formatação Sublinhado ao texto.

Se você decide que não quer utilizar a formatação, basta selecionar o texto e clicar novamente no botão que aplicou a formatação.

2.13 Fonte, Tamanho e Cor

■ Alterar Fonte

a) selecione o texto que deseja formatar;
b) clique na seta (Times New Roman ▼) *Fonte* na barra de ferramentas Formatação; e
c) clique na fonte desejada (Ex.: Arial).

■ Alterar Tamanho

a) para alterar o tamanho da fonte, selecione o texto que deseja alterar;
b) clique na seta (10 ▼). *Tamanho da Fonte* na barra de ferramentas Formatação; e
c) clique no tamanho desejado.

Alterar Cor

   a) selecione o texto desejado;
   b) clique na seta (**A** ▼). *Cor da Fonte* na barra de ferramentas Formatação; e
   c) clique em uma cor de sua escolha.

2.14 Realçar o Texto

Chame a atenção para determinada parte de seu texto usando o botão (✎ ▼) *Realçar*.

Selecione o texto desejado e clique no botão *Realçar*.

Você pode escolher cores diferentes para realçar seu texto.

Ex.: Texto realçado 1, Texto realçado 2, Texto realçado 3

2.15 Bordas

Você acrescenta uma borda a um dos lados (ou a todos) de um parágrafo ou texto selecionando no Word. As bordas podem acentuar as partes do seu texto, acrescentar um quadro no seu documento inteiro ou dividir seções do documento.

   a) clique na linha de um parágrafo no seu documento onde você deseja acrescentar uma borda;
   b) clique na seta (▣ ▼). *Borda* na barra de Ferramentas Formatação e selecione o tipo de borda desejado (Figura 2.8).

Figura 2.8 – *Opções de bordas do Word.*

Fonte: Microsoft Word.

2.16 Números e Marcadores

2.16.1 Numeração

Selecione o texto que você deseja transformar em uma lista numerada.

Clique no botão (▤) *Numeração* na barra de ferramentas Formatação.
Ex.: Vencedores da promoção Apostilas 2000:
   César Jr.
   Rafael Mello
   Willy Wonka
   Marcos Pedroso
   Fernanda C. Dias

Para aumentar sua lista de numeração, basta pressionar a tecla Enter no fim da última linha da numeração.

2.16.2 MARCADORES

Selecione o texto que você deseja transformar em uma lista com marcadores.
  a) clique no botão (▤) *Marcadores* na barra de ferramentas Formatação;
  b) clique sobre o botão Iniciar da barra de tarefas;
  c) posicione-se sobre o item Programas;
  d) clique sobre Microsoft Word.

Dica Você pode selecionar uma lista numerada ou de marcadores e clicar com o botão direito do mouse em (▤). *Marcadores* e *Numeração* e personalizar essa lista (Figura 2.9).

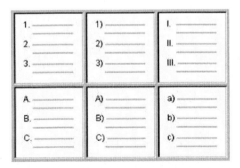

Figura 2.9 – *Guia seleção de marcadores do Word.*

Fonte: Microsoft Word.

2.17 Símbolos

Para inserir símbolos no documento:
   a) clique com o cursor no texto onde você deseja acrescentar o símbolo;
   b) clique em Inserir/ Símbolo para abrir a caixa de diálogo Símbolo;
   c) clique duplo no símbolo que você deseja inserir no documento;
   d) clique no botão Fechar.

Ex.: ™, ®, ©, ⊗, ⇔, ⇐, ⇑, ⇒, β

2.18 Alinhamento

Ao digitar seu texto em um documento, o texto automaticamente se alinha com a margem esquerda. Porém, você pode alterar o alinhamento do texto da maneira que mais lhe convém.
   a) selecione o texto que você deseja realinhar;
   b) clique no botão ( ) *Alinhar à Direita* na barra de ferramentas para alinhar à direita;
   c) clique no botão ( ) *Alinhar à Esquerda* na barra de ferramentas para alinhar o texto à esquerda;
   d) clique no botão ( ) *Centralizar* na barra de ferramentas para deixar o texto centralizado.

A opção Justificar não funciona em palavras ou sentenças individuais, mas somente em parágrafo que ocupe mais de uma linha.

2.19 Recuar Parágrafos

Você pode recuar um parágrafo inteiro para a direita da margem esquerda a fim de destacá-lo no texto.
   a) clique em algum lugar do parágrafo que você deseja recuar;
   b) clique no botão ( ) *Aumentar Recuo* duas vezes na barra de ferramentas e o recuo avança para a direita em duas paradas de tabulação;

c) clique no botão (▐▐) *Diminuir Recuo* na barra de ferramentas para mover o parágrafo em duas paradas de tabulação para a esquerda.

2.20 Tabulação

Você pode definir diferentes tipos de paradas de tabulação: à esquerda, à direita, decimal ou centralizada.

⌐ Tabulação alinhada à esquerda

⊥ Tabulação centralizada

⌐ Tabulação alinhada à direita

⊥ Tabulação decimal

a) clique no parágrafo em que você deseja definir uma tabulação;
b) clique no botão (▭▭▭) de alinhamento de tabulação para escolher o tipo de tabulação que você deseja;
c) mova o ponteiro do mouse até o local na régua onde deseja incluir a parada de tabulação e dê um clique (Figura 2.10);
d) pressione a tecla Tab para alinhar o texto com a parada de tabulação (Figura 2.11).

Figura 2.10 – *Tabulação do Word*

Fonte: Microsoft Word.

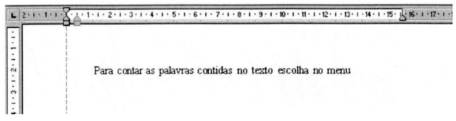

Figura 2.11 – *Alinhamento de texto do Word.*

Fonte: Microsoft Word.

2.21 Espaçamento da Linha

a) selecione o texto que você deseja alterar;
b) clique em *Formatar/ Parágrafo* para abrir a caixa de diálogo Parágrafo;
c) clique no espaçamento desejado na lista suspensa *Entre linhas* (Ex.: Duplo);
d) clique no botão *OK* e o seu texto selecionado está com o espaçamento de linha escolhido.

2.22 Quebra de Página

Para inserir uma quebra de página, clique com o cursor onde você deseja inserir uma quebra.

a) clique em *Inserir/ Quebra* para abrir a caixa de diálogo Quebra;
b) clique no tipo de quebra de seção que mais lhe convém (Ex.: Próxima Página);
c) clique no botão *OK* e a quebra de seção aparece no documento.

Dica Você pode pressionar as teclas Ctrl + Enter para inserir uma quebra de página no seu documento.

2.23 Inserir Figuras

Para inserir uma figura em seu documento, clique com o cursor no local onde deseja inserir a figura.

a) clique em *Inserir/ Figura/ Clip Art* para abrir a caixa de diálogo Inserir Clip Art;
b) clique na categoria de Clip Art na guia Figuras e percorra as opções;
c) clique na figura desejada e clique no ícone *Inserir* (Figura 12);
d) clique no botão Fechar para fechar a caixa de diálogo Inserir Clip Art.

Dica Você pode clicar duas vezes na figura para abrir a caixa de diálogo Formatar Figura.

Figura 2.12 – *Figura de exemplo inserida.*

Fonte: Microsoft Word.

2.24 Colunas

Você pode exibir um texto em múltiplas colunas (Ex.: Jornal) em uma página do documento do Word. Para isso, selecione o texto que deseja transformar em colunas.

Clique no botão (▆) *Colunas* e selecione a quantidade de colunas desejada.

2.25 Números de páginas

O Word pode, automaticamente, inserir os números das páginas nos seus documentos e imprimir esses números na posição que você determinar. Para inserir números de páginas em seu documento:
   a) clique em *Inserir/Números de páginas* para abrir a caixa de diálogo *Números de páginas*;
   b) clique na seta *Posição* para selecionar se você quer o número na parte superior ou inferior das páginas;

c) clique na seta *Alinhamento* para selecionar se você quer o número à esquerda, no centro ou no lado direito, assim como no lado de dentro ou de fora da página;
d) clique no botão *OK* e pronto.

> **Dica** Você pode alterar o formato dos números das páginas para letras ou numerais romanos; clique no botão Formatar na caixa de diálogo Números de Páginas.

2.26 Cabeçalho e Rodapé

Os cabeçalhos e rodapés são os textos que aprecem impressos na parte superior e/ou inferior de cada página de um documento. Para inserir um cabeçalho e rodapé em seu documento:
a) clique em *Exibir/Cabeçalho* e rodapé para abrir a barra de ferramentas Cabeçalho e Rodapé. O cursor será automaticamente posicionado na área de cabeçalho;
b) digite o texto desejado para a parte superior da página;
c) clique no botão Alterar Entre Cabeçalho e Rodapé;
d) digite o texto desejado para parte inferior da página.

> **Dica** Você pode também inserir números de páginas, horas, data, Autotexto e alinhar, tanto o cabeçalho como o rodapé, utilizando os botões ( ) de alinhamento.

2.27 Comentários

Você pode deixar informações em um documento para lembrar um leitor de verificar algo em seu documento. Para isso:
a) selecione o texto onde você deseja inserir um comentário;
b) clique em *Inserir/Comentário* para abrir a área de comentários na parte inferior da área de trabalho;

c) digite o texto que você deseja mostrar no comentário;
d) clique no botão Fechar para retornar ao documento.

2.28 Imprimir um Documento

O Word facilita a impressão de um documento e permite selecionar as definições de impressoras e fontes. Você pode imprimir um documento inteiro, algumas páginas, especificar o número de cópias a imprimir e agrupar as páginas à medida que imprime.

Antes mesmo de imprimir um documento você pode visualizar a impressão:

a) clique no botão ( ) *Visualizar Impressão*;
b) clique no botão ( ) *Imprimir* para imprimir o documento usando as definições padrão (Figura 2.13).

Figura 2.13 – *Botão* Imprimir *do Word.*

Fonte: Microsoft Word.

O documento será impresso.

Clique em *Arquivo/Imprimir* para abrir a caixa de diálogo Imprimir (Figura 2.14);

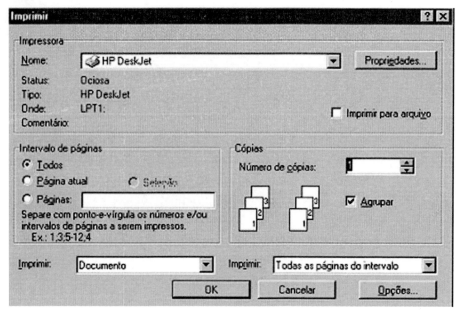

Figura 2.14 – *Guia Imprimir do Word.*
Fonte: Microsoft Word.

Em Intervalo de páginas marque:

Todos (imprimir todas as páginas):

Página atual (imprimir somente a página atual):

Páginas (imprimir somente algumas páginas):

Em Cópias clique nas setas ( ) para aumentar ou reduzir o número de cópias do documento.

Clique em *OK* para imprimir.

Dica Na caixa de diálogo Imprimir clique em (Propriedades...) para alterar definições de sua impressora (qualidade de impressão e opções de papel).

2.29 Tabela

Em vez de criar longas listas de informações e tentar fazer uma referência cruzada dessas listas, você pode, simplesmente, incluir uma tabela no seu documento. As tabelas podem ser usadas para organizar as informações e criar colunas de texto lado a lado para apresentar os dados de uma maneira fácil de ler.

Para criar uma tabela:

a) clique no botão (▦) *Inserir Tabela* na barra de ferramentas Padrão e selecione o número de linhas e colunas que deseja (Figura 2.15);

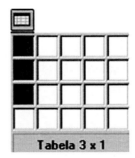

Figura 2.15 – *Guia seleção de tabela do Word.*
Fonte: Microsoft Word.

b) digite o texto que a primeira célula da tabela deve conter;
c) pressione as teclas Tab e seta para cima ou seta para baixo para navegar na tabela e incluir o texto. As linhas são redimensionadas para encaixar as informações digitadas.

Ex.: Tabela de Preços de Apostilas (Tabela 2.1):

TABELA 2.1 – **Preços de Apostilas**

Apostila	Tamanho em Kb	Preço
CorelDRAW	125	R$ 35,00 reais
Html	90	R$ 22,00 reais
FrontPage	50	R$ 20,00 reais

Fonte: Autores.

Tabela de horários de aulas (Tabela 2.2):

TABELA 2.2 – Horários de Aulas

Horário	Segunda	Terça	Quarta	Quinta	Sexta
19:00 ~ 19:40h	DP 2	DIP	TGE	FGD	DC 2
19:41 ~ 20:40h	DP 2	DIP	TGE	FGD	DC 2
21:00 ~ 21:40h	DC 2	DP 2	FGD	TGE	DIP
21:41 ~ 22:40h	DC 2	DP 2	FGD	TGE	DIP

Fonte: Autores.

Clique em *Tabela/AutoFormatação* da tabela para abrir a caixa de diálogo AutoFormatação da tabela, escolha uma opção na lista *Formatos* (Figura 2.16).

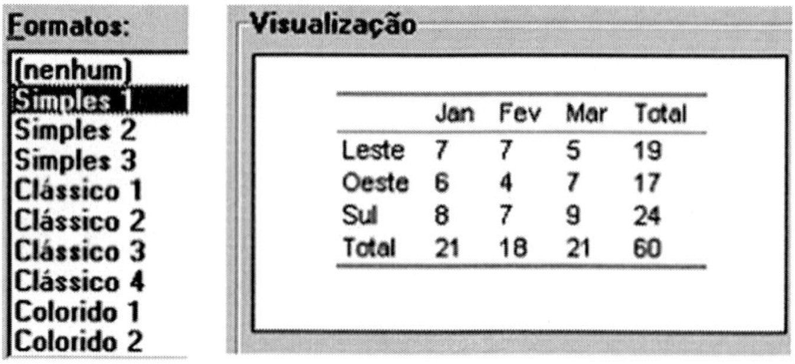

Figura 2.16 – Guia Lista de Formatos do Word.

Fonte: Microsoft Word.

2.30 Inserindo Equações (Fórmulas) no Microsoft Word 2000

2.30.1 Inserir uma Equação

a) clique no local onde você deseja inserir a equação;
b) no menu *Inserir*, clique em *Objeto* e, em seguida, na guia *Criar novo*;
c) na caixa *Tipo de objeto*, clique em *Microsoft Equation 3.0*;
d) clique em *OK*;

e) para construir a equação, selecione símbolos na barra de ferramentas Equação e digite variáveis e números. Na primeira linha da barra de ferramentas Equação, você poderá escolher mais de 150 símbolos matemáticos. Na última linha, você poderá escolher diversos modelos ou estruturas que contêm símbolos, como, por exemplo, frações, integrais e somatórios;
f) se precisar de ajuda, clique no menu Tópicos da Ajuda do *Equation Editor* no menu Ajuda;
g) para retornar ao Word, clique no documento do Word.

Observação: Se o *Microsoft Equation* Editor não estiver disponível, talvez seja necessário instalá-lo.

2.31 Como Padronizar as Citações Longas no Microsoft Word

Considerando que as citações longas (mais de três linhas) devem ser recuadas a 7 cm da borda externa esquerda da folha (ou 4 cm da margem esquerda da folha), apresentadas em mesma tipologia do texto, porém, em tamanho da fonte 10, com espaçamento entre linhas simples; e, considerando ainda, a necessidade constante de utilização de citações longas, principalmente na parte de embasamento (referencial/marco) teórico, é ideal que se automatize esse procedimento, conforme explicado a seguir, de modo que se torne mais um recurso *acrescentado* às características de formatação do Microsoft Word.

Para tanto, proceda da seguinte forma:
a) separe o texto da citação do restante do trabalho, teclando "Enter";
b) digite a citação normalmente, sem alterar a formatação até que todo o texto da citação esteja pronto;
c) selecione todo o texto da citação;
d) ajuste o tamanho da fonte para tipo 10;
e) ajuste o espaçamento entre linhas para simples, com valores "0" (zero) para espaçamento *antes* e *depois* das linhas;
f) arraste a citação até ficar a 4 cm da margem esquerda da página;
g) na guia Tipo de texto, digite a palavra *citação* e tecle Enter.

Desta forma, está criado o formato citação em seu editor de textos Word.

Das próximas vezes, bastará selecionar o texto desejado e clicar em Tipo de texto – *Citação*.

Exemplo de texto antes da formatação da citação:

O Direito não é o único instrumento responsável pela harmonia da vida social. A Moral, a Religião e Regras de Trato Social são outros processos normativos que condicionam a vivência do homem na sociedade. De todos, porém, o Direito é o que possui maior pretensão de efetividade, pois não se limita a descrever os modelos de conduta social, simplesmente sugerindo ou aconselhando. (grifo nosso). (NADER, 2004, p. 29).

Texto após a formatação da citação

> O Direito não é o único instrumento responsável pela harmonia da vida social. A Moral, a Religião e Regras de Trato Social são outros processos normativos que condicionam a vivência do homem na sociedade. De todos, porém, o Direito é o que possui maior pretensão de efetividade, pois não se limita a descrever os modelos de conduta social, simplesmente sugerindo ou aconselhando. (grifo nosso). (NADER, 2004, p. 29).

2.32 Como Elaborar o Sumário de um Trabalho Acadêmico

Para a elaboração do Sumário (Norma ABNT 6024:1989), proceda da seguinte forma:

a) abra um arquivo e nomeie-o como *Capas*;
b) digite o título, em negrito e centralizado: Sumário;
c) na barra de ferramentas *Tabela* do Word, selecione *Inserir, Tabela* e escolha *Número de colunas* = 3 e Número de linhas = 3;
d) tecle *Enter*;
e) posicione o mouse na lateral direita da primeira coluna e arraste-a para a esquerda até o ponto em que o espaço da coluna permita inserir os números dos tópicos principais;
f) posicione o mouse na lateral direita da segunda coluna e arraste-a para a direita até o ponto em que o espaço da *terceira* coluna permita inserir os números das páginas onde está editado o tópico listado na linha em questão;

g) formate a primeira e a terceira colunas como parágrafo centralizado;
h) formate a segunda coluna como parágrafo justificado;
i) digite na segunda coluna o título do tópico que está editado na página correspondente;
j) complemente os espaços, porventura existentes, entre a letra final do título e a barra direita da segunda coluna com pontos;
k) observe que a formatação dos títulos e subtítulos deverá obedecer sua real formatação no texto, ou seja, se estiver em maiúsculas e negrito, corpo 14, assim deverá constar no Sumário (esta padronização encontra-se disposta a seguir);
l) selecione toda a tabela do *Sumário* e abra a barra de ferramentas *Formatar, Bordas e sombreamento*, Bordas;
m) tecle na opção Nenhuma.

Dicas 1) Para que se obtenha uma cópia fiel dos títulos e subtítulos existentes no texto desenvolvido, recomenda-se, ao final do trabalho, salvar o arquivo *textuais* com o título de Sumário (*Arquivo, Salvar Como, Sumário.doc*), preservando-se o arquivo *textuais* original. Após essa operação de salvamento, recomenda-se retirar todo o texto existente no arquivo (exceto, obviamente, os títulos e subtítulos), transferindo-se o resultado para o arquivo "pré-textuais", no item Sumário;
    2) Esse recurso de *fidelização* também pode ser aplicado para o confronto entre as referências bibliográficas utilizadas no texto desenvolvido, salvando-se o arquivo *textuais* como *referências* e, após o salvamento (preservando o arquivo *textuais*), retira-se todo o texto, exceto as referências, possibilitando o confronto entre as referências efetivamente dispostas no texto e as referências constantes no tópico referências.

2.33 Formatação dos Títulos e Subtítulos

De acordo com a Norma ABNT 6023:2002, a formatação de títulos e subtítulos deve ser realizada segundo o seguinte padrão:
SEÇÃO PRIMÁRIA – Maiúsculas, negrito, corpo 12;

SEÇÃO SECUNDÁRIA – Maiúsculas, simples, corpo 12;
Seção Terciária – Maiúsculas e minúsculas, negrito, corpo 12;
Seção Quaternária – Somente a primeira letra da primeira palavra maiúscula e o restante minúsculas, simples, corpo 12.
Exemplo de resultado:

1 **TÍTULO UM**.. 95
1.1 SUBTÍTULO DOIS 96
1.1.1 Subtítulo Três 97
1.1.1.1 Subtítulo quatro 98

Tipos Usualmente Exigidos de Trabalhos Acadêmicos

3.1 Resumo

3.1.1 Conceito

Segundo o Dicionário Aurélio: "*s.m.*[1] **1**. Exposição abreviada de uma sucessão de acontecimentos, das características gerais de algo etc.; síntese, sinopse, sumário. **2**. Apresentação concisa de conteúdo de artigo, livro etc. (FERREIRA, 1993, p. 478). No entender de Silveira Bueno (2001, p. 678), "s.m. Ato de resumir; compêndio; compilação; síntese; sinopse; recapitulação".

Normalmente, trata-se de solicitação relativa à interpretação de texto, seja de artigo, capítulo de livro ou livro na íntegra. É importante não confundir com o Resumo exigido nas publicações técnico-científicas como Trabalho de Conclusão de Curso (TCC), Monografia, Dissertação e Tese, na parte de elementos pré-textuais, onde o Resumo é um componente adicional da publicação. Neste caso específico, o Resumo é um trabalho independente.

Deve-se levar em conta a quantificação entre 33% (mínimo) e 50% (máximo) de texto resultante em relação ao *quantum* da obra ou parte da obra em elaboração de Resumo.

---

1. Substantivo masculino.

Resumo é uma apresentação sintética e seletiva das idéias de um texto, ressaltando a progressão e a articulação delas.

Pode ter variadas formas: apresentar apenas um sumário das idéias do autor, narrar as idéias mais significativas, condensar o conteúdo de tal modo que dispense a leitura do texto original.

Os Resumos são classificados em:
- ✓ *Indicativo*, que se caracteriza como sumário narrativo, elimina dados qualitativos e quantitativos, mas não dispensa a leitura do original;
- ✓ *Informativo*, pode dispensar a leitura do original, salientando o objetivo da obra, evitando comentários pessoais;
- ✓ *Informativo/Indicativo*, pode dispensar a leitura do texto original quanto às conclusões, mas não quanto aos demais aspectos tratados; e
- ✓ *Crítico* – também chamado resenha.

O Resumo deve salientar o objetivo, o método, os resultados e as conclusões do trabalho, apresentando os objetivos e os assuntos do texto original. Deve ser composto com frases concisas, evitando-se enumerar tópicos. Constitui-se em forma prática de estudo que participa ativamente da aprendizagem, uma vez que favorece a atenção de informações básicas. Algumas instituições rotulam o Resumo de Fichamento, mantendo as exigências suprarelacionadas, enquanto para outras instituições, o Fichamento é um trabalho independente, com regras próprias.

3.1.2 Sinopse

O Dicionário Silveira Bueno (2001, p. 718) define sinopse como "s.f.[2] Obra ou tratado que apresenta sinteticamente o conjunto de uma ciência; síntese; resumo; sumário".

---

[2]. Substantivo feminino.

A Sinopse é um pequeno texto de 25 a 50 linhas, geralmente redigido pelo autor ou editor de uma obra. A característica essencial da sinopse é a apresentação concisa dos traços gerais, das grandes linhas da obra. Normalmente vem inserido no início dos textos publicados e é muito útil para a realização de levantamentos bibliográficos. Enquanto na Sinopse se permite alguma interpretação, no Resumo procura-se guardar absoluta fidelidade ao texto original.

3.1.3 Como Elaborar o Resumo

a) abra um arquivo do *Microsoft Word*®[3] e salve-o como Resumo (aparecerá na barra superior de títulos do Word o nome do arquivo *Resumo.doc*);
b) configure a página (no caso deste trabalho, o padrão adotado é o de 3 cm para as margens superior e esquerda e 2 cm para as margens inferior e direita), agindo da seguinte forma:
✓ na guia *Arquivo,* selecione *Configurar página* (Figura 3.1);
✓ ajuste as margens para o padrão acima descrito, ajustando a paginação para 2 cm de distância da margem externa superior da folha de papel A-4;
✓ ajuste o *Tamanho da página* para formato A-4 (21 cm X 29,7 cm);
✓ ajuste a *Orientação* da página para *Retrato*;
✓ selecione o botão *Padrão* e todos os documentos do *Microsoft*® *Word*® já serão abertos, automaticamente, com estas dimensões-padrão.

---

3. *Microsoft*® *Word*® são marcas registradas da *Microsoft Corporation*.

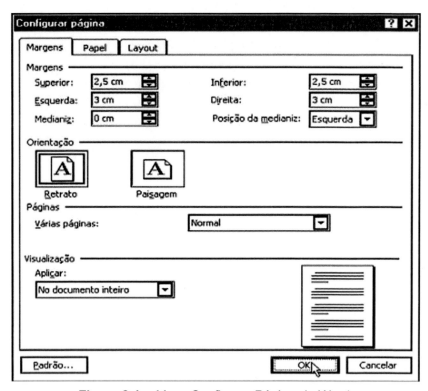

Figura 3.1 – *Menu* Configurar Página *do Word*.
Fonte: *Microsoft Word*.

3.1.4 Esquema

O esquema é um registro gráfico (bastante visual) dos pontos principais de um determinado conteúdo. Não há normas para elaboração do esquema, ele deve ser um registro útil para você. Por isso, é você quem deve definir a melhor maneira de fazê-lo. Um bom esquema normalmente evidencia a estrutura do texto (ou da aula, do filme, da palestra etc.) em questão, apresentando rapidamente a organização lógica das idéias e a relação entre elas e busca ser o mais fiel possível ao texto, limitando-se a reproduzir o conteúdo compreendido.

Tipos Usualmente Exigidos de Trabalhos Acadêmicos **37**

> **Dicas** 1) após a leitura do texto, dar títulos e subtítulos às idéias identificadas no mesmo, anotando-os às margens; 2) colocar esses itens no papel como uma seqüência ordenada por números (1, 1.1, 1.2, 2 etc.) para indicar suas divisões; 3) utilizar símbolos para relacionar as idéias esquematizadas, como setas para indicar que uma idéia leva à outra, sinais de igual para indicar semelhança ou cruzes para indicar oposição etc.

Não importa que códigos você use no seu esquema, pois ele é de uso pessoal. O importante é que ele seja útil a você, ou seja, permita-lhe recuperar rapidamente o argumento e as idéias de um texto com uma simples visualização.

3.1.5 Ferramenta AutoResumo do Microsoft® Word®

O editor de textos *Microsoft® Word®* possui um recurso de auto-resumo que pode auxiliar na confecção do Resumo, desde que observadas as limitações desta ferramenta. A ferramenta AutoResumo limita-se a reduzir o texto original, sem qualquer compromisso com a coerência e/ou destaque para as partes mais importantes e indispensáveis do texto original a ser resumido.

Para verificar o funcionamento do AutoResumo, selecione *Ferramentas, AutoResumo* e, em seguida, selecione *Realçar pontos principais*. Faça a opção por salvamento em arquivo em separado e compare o texto obtido com esta ferramenta e o texto original. Este recurso pode auxiliar na compilação do texto, necessitando o autor do Resumo prosseguir na análise e resumo do texto.

Outra dica importante trata da questão da configuração dos parágrafos do texto. Caso existam problemas na passagem do texto de uma página para outra, selecione *Formatar, Parágrafo, Quebra de linha e de página*, deixe selecionados apenas os itens *Controle de linhas órfãs/viúvas* e *Não Hifenizar*, retirando a marca de seleção de todas as demais opções. Para que este recurso funcione, deve-se comprimir as teclas Ctrl+T, para que todo o texto do arquivo seja selecionado, assumindo esta formatação para todo o texto.

3.1.6 Modelo de Resumo Pronto

Obs.: Para diferenciar os modelos do texto normal do trabalho, será utilizada, em todos os casos, a Fonte **Times New Roman 12**.
RESUMO

Livro "O PROCESSO" – Franz Kafka

Franz Kafka, em seu livro, "O Processo", narrou a história de um bancário, Joseph K., que, ao acordar, é preso por policiais sem motivos declarados: a denúncia que alguém deverá ter feito contra Joseph K. leva-o a ser detido.
Não se sabe o que fizera, por que ou por quem teria sido denunciado. Os guardas são formais e grosseiros. Riem de sua exigência de que se identifiquem e nomeiem a autoridade a que servem. E se enfadam com o pedido de que declarem o teor da acusação. Não foram incumbidos de dizê-lo. São pagos apenas para que procurem e/ou vigiem aqueles que o tribunal aponte. Mas não perdem tempo. Enquanto Joseph K. troca a roupa de dormir, insinuam subornos e, sem cerimônia, tomam seu café.
Funcionário de um grande banco onde exercia a função de Procurador, Joseph K. mantém um tom de superioridade no trato com os subalternos, entre os quais, por certo, inclui os grosseirões dos guardas. Quando estes pois o convocam para ser interrogado pelo inspetor, no quarto ao lado, K. acredita que tudo logo se esclarecerá. O inspetor não poderia deixar de ser alguém mais próximo de sua posição na sociedade. Engana-se. O inspetor não é menos formal ou menos grosseiro que os inferiores. Tampouco sabe mais do que eles a causa da detenção. A sua é uma lógica igualmente policial; insinua ameaças, finge conselhos, preserva a rígida hierarquia – não, não faz parte dos hábitos que os interrogados se sentem (conforme p. 46). K., cidadão consciente de seus direitos e deveres, insiste inutilmente em esclarecimentos sobre o motivo pelo qual estaria sendo levado a julgamento. O inspetor explica a razão de os três colegas do Banco haverem sido trazidos como testemunhas: ali estavam, diz ele, para que tornassem despercebida a chegada de Joseph K. ao Banco (p. 50).
Encerra-se o primeiro capítulo e Joseph K. supõe que o acidente não afetara a normalidade do dia-a-dia. Tratar-se-ia de uma destas situações

intrigantes, inexplicáveis, cuja repercussão, entretanto, esmaece e aos poucos se converte em tema para descuidada conversa.

Mas, no Banco, pelo telefone lhe informam que a primeira audiência de seu processo está marcada para o próximo domingo. No recinto do tribunal, Joseph K. permanece convicto de sua distinção social. Nada parece desmenti-lo.

O bairro popular que é obrigado a atravessar, o estado do imóvel em que afinal a corte se reúne, a própria solicitude dos que respondem a seus pedidos de informação, os trajes e o aspecto dos que se encontram reunidos na sala do tribunal parecem confirmar-lhe sua superioridade.

É com firmeza que responde ao juiz e é com satisfação íntima que acolhe os aplausos da assembléia. Convencido de que uma parte dos presentes o apóia, torna-se mais ousado e acusa o tribunal de fazer parte de uma organização poderosa, corrupta e arbitrária. Mas a ocasião se lhe apresenta de perceber o engano quanto ao significado dos aplausos: toda a assembléia porta o mesmo distintivo que o juiz. São todos funcionários.

Convicto de sua boa posição na sociedade, ciente de estar respaldado pelos direitos da cidadania, Joseph K. fora arrastado a representar uma excitante *peça teatral*. Os aplausos que o envaideceram não indicavam concordância, mas, surpresa e divertimento. Mas K. permanece sem atinar com o risco que corre.

Tampouco sua convicção será ameaçada ao verificar, no outro domingo, a natureza dos livros que consulta o juiz: em vez de códigos, livros obscenos e desenhos pornográficos. O passeio que Joseph K. empreende pelo interior do tribunal faz-lhe ver que suas dependências se confundem e se misturam com as residências mais modestas de seus serviçais. As ramificações do aparato da justiça, o reconhecimento de que era grave o processo e de que a trama se estende além da percepção do acusado são indicadas por todos à sua volta. Todos afinal parecem saber o que só ele não sabe. O tio procura alarmá-lo: "(...) ficas aqui tranqüilamente sentado quando tens um processo criminal enroscado ao pescoço? (...)" (p. 124). O advogado, de certa maneira, já o esperava: "(...) movo-me nos círculos da justiça."

Ali se fala de diferentes processos, de modo que me chamou a atenção particularmente o que se referia ao sobrinho de um amigo (...)" (p. 133).

Leni conhecia os comentários que circulavam a respeito de sua conduta: "(...) segundo me informei, você é excessivamente inflexível." (p. 138).
O divertimento que provocara nos circunstantes no tribunal ecoara mal. A *peça* que improvisara não tivera lugar em um teatro. A visita à catedral, que supusera determinada por interesse profissional, agora parecia haver sido armada pelo sacerdote que o teria convocado: "(...) Fiz com que viesses aqui (...) para falar contigo." (p. 236). O sacerdote da catedral, que interpela Joseph K. por seu nome próprio, declara-se diretamente como o capelão do presídio (p. 236). Assim, ante o protesto de Joseph K. de ser inocente, contesta ser deste modo que "os culpados costumam falar." (p. 237).
Outro associado dos tribunais acrescentará algo de relevância. Titorelli, o pintor dos retratos dos juízes, relata a K. sua experiência dos tribunais. Uma vez acusado, dever-se-ia optar por uma das formas possíveis de delongamento do processo. Ante a surpresa de K., explica que assim se impõe porque a absolvição parece inviável.
Talvez, por isso, tanto insista na pergunta sobre se o acusado se considerava inocente. Reiterá-lo sem hesitações, como o faz K., torna seu caso mais atraente para o pintor. Em outras palavras, Titorelli afirma que quanto mais veementes os protestos de inocência do acusado, tanto mais previsível sua condenação.
Os princípios que Joseph K. defende o incapacitam para compreender. Para os que o vêem, sua atitude permanece desastrada e altiva. Para K., a cura significará mais simplesmente resignar-se a morrer como um cão. K. não abandonara seu mundo de sonhos e ilusões quando é de novo procurado por outros guardas. Compreende que está condenado; mesmo assim tenta dificultar a tarefa de seus executantes. Mas, ao se deparar na rua com o policial, já percebe que seria inútil um pedido de defesa ou mais, em outras palavras, já está cansado de resistir. Não mais correrá dos guardas, não mais tentará se confundir com a multidão.
Dócil, ajeita a cabeça sobre a pedra e deixa que a camisa seja aberta. Culpado por crer em algo que se fizera ficção por se desconectar do mundo real, não resta a Joseph K. senão a dor da resignação.
Ela o carcome até ao abandono de sua última resistência. Entregando o pescoço aos algozes, não aceita a morte senão como uma vergonha.

BIBLIOGRAFIA

KAFKA, Franz. **O Processo**. São Paulo: Martin Claret, 2001, 254p.

3.2 Recensão

3.2.1 CONCEITO

Trata-se de um trabalho de síntese, que é publicado imediatamente após a publicação de uma determinada obra, servindo como veículo de avaliação e/ou crítica.

Pode ser feita em relação a livros, filmes, periódicos, artigos etc. Pode também ser chamado de *Nota de livro, Resenha ou Revisão*.

Segundo o Dicionário Silveira Bueno (2004, p. 656), Recensão é: "s. f. Recenseamento; comparação de uma edição do autor antigo com os manuscritos".

Difere do Resumo pelo fato de, ao contrário de abordar-se apenas o conteúdo do trabalho a ser resumido, também é inserido um quadro mais amplo de referência, criticando, comparando e avaliando a obra de acordo com a opinião do autor da recensão.

3.2.2 ELABORAÇÃO DE RECENSÃO

Deve ser elaborada por especialistas no assunto a que se refere a obra, obedecidas as normas próprias das revistas especializadas em que será publicado.

3.3 Fichamento

3.3.1 CONCEITO

O Fichamento pode ser definido como uma forma de investigação que se caracteriza pelo ato de fichar (registrar) todo o material necessário à compreensão de um texto ou tema.

Para isso, é preciso usar fichas que facilitam a documentação e preparam a execução do trabalho. Destacam-se dois tipos de fichas: *bibliográfica* (assunto e autor) e *conteúdo* (resumo e cópia-citação).

Todavia, no próprio exercício da leitura, percebe-se a necessidade de fazer comentários sobre a argumentação do autor, assim como, também, surgem na mente várias idéias e relações novas. Alguns autores de técnica de ensino acrescentam mais dois tipos de fichas de conteúdo: *comentário* e *ideação*. Existe a necessidade de elaborar esses tipos de anotações que devem aparecer na feitura do trabalho. Assim, em um único tipo de ficha (fichamento), podem-se incluir as diversas modalidades de apurações de investigação.

Em primeiro lugar, deve-se apresentar objetivamente as idéias do autor (resumo e citação); em seguida deve-se discutir de modo pessoal as idéias fichadas (comentário e ideação). Em outras palavras, um fichamento completo deve apresentar os seguintes dados:

1) Indicação bibliográfica – mostrando a fonte da leitura;

2) Resumo – sintetizando o conteúdo da obra. Trabalho que se baseia no esquema;

3) Citações – apresentando as transcrições significativas da obra;

4) Comentários – expressando a compreensão crítica do texto, baseando-se ou não em outros autores e outras obras; e

5) Ideação – colocando em destaque as novas idéias que surgiram durante a leitura reflexiva.

3.3.2 MODELOS DE FICHAMENTOS PRONTOS

INDICAÇÃO BIBLIOGRÁFICA

1ª Parte: apresentação objetiva das idéias do autor
1) **Resumo** (baseado no esquema)
2) **pequenas citações** (entre aspas e página)

INDICAÇÃO BIBLIOGRÁFICA

2ª Parte (elaboração pessoal sobre a leitura)
1) Comentários (parecer e crítica)
2) ideação (novas perspectivas)

In: BACHELARD, Gaston. *A noção de obstáculo epistemológico*. In: **A formação do espírito científico** [*La formation de l'espirit scientifique*]. 3. ed. Paris: L.J.F, 1957.

Recensão **1 – Noções sobre Bachelard**
Nasceu em 1884, em Champagne, e faleceu em Paris, em 1962. Foi professor de ciências na sua cidade natal, mais tarde professor de história e filosofia das ciências na Sorbonne. Preocupado com a pedagogia das ciências, ele analisou nesta obra a noção de obstáculo epistemológico à luz da psicanálise do conhecimento objetivo.

2 – Influência da psicanálise freudiana sobre Gaston Bachelard
Citação Nesse texto ele não apresenta os objetos externos como os empecilhos verdadeiros ao conhecimento científico, mas analisa principalmente aqueles obstáculos internos de caráter inconsciente, que surgem no próprio ato de conhecer. "(...) é no interior do próprio ato de conhecer que aparecem, por uma espécie de necessidade funcional, retardos e perturbações".

Fonte: NETO, 2005.

3.4 RESENHA

3.4.1 CONCEITO

Inicialmente, é preciso definir o termo *Resenha*. Fazer uma resenha é o mesmo que fazer uma recensão (que significa apreciação breve de um livro ou de um escrito), ou seja, trata-se de resumir, de maneira clara e sucinta, um livro, artigo ou qualquer tipo de texto científico. Embora o texto a ser resenhado tenha um(a) autor(a), o(a) recenseador(a) deve ser o(a) autor(a) do seu trabalho; quer dizer, é preciso manter a identidade de quem escreveu o trabalho que você está analisando, mas é preciso transparecer a sua presença, como voz crítica sobre o texto.

Resenhar significa resumir, sintetizar, destacar os pontos principais de uma obra científica. A resenha deve ser elaborada por uma pessoa que tenha conhecimento do assunto abordado no livro, quer seja um cientista da área (recomendável), quer seja um estudante.

Como seu objetivo é apresentar uma síntese das idéias contidas na obra, o resenhista, além de resumir, deve também apontar as falhas e os erros de informação, sem entrar em pormenores sobre essas falhas. A resenha deve seguir a seqüência lógica do texto. Devem ser mencionados capítulos e páginas. Deve ser dito se o trabalho apresenta tabelas, gráficos, etc. Observar se, para cada capítulo, existe uma conclusão ou só existe uma introdução e uma conclusão. Podem ser tecidos elogios ao autor (ponderados, para não prejudicar o conteúdo da resenha).

3.4.2 Importância da Resenha

Em face da crescente explosão de literatura técnica, informativa, infantil, didática, pedagógica etc., muitas vezes o pesquisador não consegue aliar o seu tempo disponível com a quantidade de livros que precisa pesquisar. Daí a resenha desponta como um grande aliado do pesquisador. Ela informa a respeito de um livro, e o pesquisador decide, após lê-la, se aquele livro realmente será relevante para sua pesquisa e, com isso, se vai completar sua leitura ou não.

Resenha é a síntese de um livro contendo comentários e, opcionalmente análise crítica. A partir da resenha, o leitor consegue avaliar seu interesse pela obra e decidir a qual parte dedicar maior atenção. Dessa forma, resenhar consiste na examinação e apresentação de obras prontas. É talvez o nível mais elementar de pesquisa científica e caracteriza-se apenas como pesquisa exploratória pois, embora contenha uma crítica, o texto base já está pronto. Permite oportunidade para o treinamento de compreensão e crítica, além do contato mais aproximado com bons autores e com o pensamento já elaborado, servindo como modelo de produção científica.

As partes essenciais de uma resenha são:
- ✓ Identificação da obra: fichamento, que inclui autor, título, imprenta, total de páginas resenhadas;
- ✓ Credenciais do autor: os créditos: formações, publicações, atividades desenvolvidas na área;
- ✓ Conteúdo: as idéias principais, pormenores importantes para o entendimento do assunto;
- ✓ Conclusões: localização e breve explicação das conclusões do autor;
- ✓ Crítica: determinação histórica e metodológica da obra, contribuições importantes, estilo, forma, méritos, considerações éticas.

Resenhas podem ser feitas com objetivos diferentes. Você pode fazer uma resenha informativa, preocupando-se em expor o conteúdo do livro. Pode-se fazer uma resenha crítica quando se ocupa de analisar e interpretar as idéias e pensamentos principais da obra. Pode-se, ainda, juntar os dois tipos, enfocando e desenvolvendo análises críticas. É um trabalho comparativo, excelente base para o desenvolvimento do tema. A crítica é a *resenha do texto*, geralmente feita por especialistas com ênfase na crítica.

Passe ao leitor uma visão precisa do conteúdo do texto, destaque o assunto, os objetivos, a idéia central, como o autor estrutura seu raciocínio.
Exemplo de um roteiro para elaborar uma resenha:
- ✓ forneça todos os dados do livro analisado;
- ✓ apresente alguns dados biográficos relevantes do autor;
- ✓ ressalte a proposta do livro conforme Prefácio ou Introdução;
- ✓ identifique a idéia central da obra;
- ✓ levante os argumentos que sustentam suas afirmações;
- ✓ apresente o resumo da obra, sua síntese;
- ✓ desvende, se necessário, alguns termos e expressões usados pelo autor;
- ✓ reproduza total ou parcialmente a referência bibliográfica e comente sobre sua importância;
- ✓ desenvolva sua avaliação crítica de modo agradável e acessível, estabelecendo um diálogo com o autor e também com o leitor.

As críticas devem estar dirigidas às idéias e posições do autor, nunca à sua pessoa ou condições pessoais de existência. Procure contextualizar a obra analisada, relacionando-a com outros trabalhos e com a situação da cultura e das disciplinas envolvidas na época de sua produção.

3.4.3 Procedimentos

a) leitura total da obra a ser resenhada;
b) leitura pormenorizada, fazendo os destaques das partes mais significativas, que servirão de fio condutor para a elaboração do texto da resenha;
c) elaboração de um esquema com as principais etapas a serem desenvolvidas pela resenha;
d) construção do texto propriamente dito; e
e) revisão do texto, correção e aprimoramento.

3.4.4 Necessidades

Toda resenha deve ser a mais bem identificada possível, daí as seguintes necessidades:
a) Cabeçalho contendo o nome da instituição de ensino, título da resenha com identificação do texto resenhado, autor(a) da resenha, objetivo do trabalho, local e data;
b) Texto dissertativo contendo introdução, corpo principal do texto e conclusão com apreciação crítica; e
c) Bibliografia.

3.4.5 Dicas Importantes

A resenha deve cumprir um objetivo claro: comunicar ao leitor os aspectos essenciais da obra em questão e situá-lo no assunto da melhor maneira possível.

Lembremo-nos de que, no método de Descartes, a 1ª regra é *a evidência*, o dado inicial, que tem de ser claro, ordenado e distinto, ou seja, o critério cartesiano da verdade é a *clareza* e a *distinção*. Na forma da resenha o texto deve ser claro, inteligível e dinâmico. O(A) leitor(a) deve ter prazer nessa leitura e deve sentir-se convidado(a) à leitura do texto resenhado.

Para isso, é imprescindível o uso das normas padrão da língua portuguesa. Caso haja necessidade de citação do próprio texto resenhado, isso deve ser feito entre aspas e/ou em destaque. Sempre deve haver referência bibliográfica. Por vezes, é interessante fazer uma pesquisa mais abrangente sobre o(a) autor(a) do texto resenhado, sobre o assunto em questão e sobre a situação atual da pesquisa científica sobre o tema. Esses esclarecimentos, quando convenientes, devem abrir a resenha e preparar o comentário sobre o texto em pauta.

3.4.6 Apresentação Gráfica

a) tamanho do papel: A4 (21cm x 29,7cm);
b) corpo do texto: margens: superior e esquerda: 3cm; inferior e direita: 2cm (*Estas medidas de margem variam de acordo com a interpretação de cada instituição e de cada professor/orientador*).
c) caracteres (fontes): *Arial* ou *Times New Roman*, tamanho 12;
d) títulos e subtítulos: no mesmo tamanho, em negrito ou simples (de acordo com a norma específica);
e) espaçamento: no texto: 2 (duplo) (*podendo ser aceito o espaçamento de 1,5 linhas, de acordo com a interpretação de cada instituição e de cada professor/orientador*); na bibliografia: simples;
f) bibliografia.

Observa-se o seguinte critério de Referência, de acordo com a ABNT (2002): SOBRENOME, Nome do autor. **Título da obra**. Subtítulo. Edição (*caso seja uma edição posterior à primeira edição*). Cidade (local da publicação (*quando houver duas cidades, separa-se com barra: /*)). Editora (*quando houver mais de uma editora, separa-se por barra: /*), ano da publicação.

Exemplo:
BEAINI, Thais Curi. **Heidegger**: arte como cultivo do inaparente. São Paulo: EDUSP/Nova Stella, 1986.

> **Obs.:** Cabe aqui um lembrete da Professora de Metodologia Científica do Curso de Direito de uma faculdade de Vila Velha, sobre a seqüência **A**utor-**T**ítulo-**E**dição-**L**ocal-**E**ditora-**D**ata (ATELED = DELETA, ao contrário), que pode ser útil na hora de editar a referência bibliográfica.

3.4.7 Estrutura da Resenha Crítica

A resenha crítica deve apresentar a estrutura descrita abaixo:
Referência Bibliográfica
- ✓ Autor(es);
- ✓ Título (subtítulo);
- ✓ Imprensa (local da edição, editora, data);
- ✓ Número de páginas com ilustrações (tabelas, gráficos, fotos etc.).

Credenciais do Autor
- ✓ informações gerais sobre o autor;
- ✓ autoridade no campo científico;
- ✓ quem fez o estudo?;
- ✓ quando? por quê? onde?

Conhecimento – Resumo detalhado das idéias principais
- ✓ de que trata a obra? o que diz?;
- ✓ possui alguma característica especial?;
- ✓ como foi abordado o assunto?;
- ✓ exige conhecimentos prévios para entendê-lo?

Conclusão do Autor
- ✓ o autor faz conclusões? (ou não?);
- ✓ onde foram colocadas? (final do livro ou dos capítulos?);
- ✓ quais foram?

Quadro de Referências do Autor
- ✓ modelo teórico;
- ✓ que teoria serviu de embasamento?;
- ✓ qual o método utilizado?

■ Apreciação

a) Julgamento da obra:
Como se situa o autor em relação:
- ✓ às escolas ou correntes científicas, filosóficas, culturais?;
- ✓ às circunstâncias culturais, sociais, econômicas, históricas etc.?

b) Mérito da obra:
- ✓ qual a contribuição dada?;
- ✓ idéias verdadeiras, originais, criativas?;
- ✓ conhecimentos novos, amplos, abordagem diferente?

c) Estilo:
- ✓ conciso, objetivo, simples?;
- ✓ claro, preciso, coerente?;
- ✓ linguagem correta?;
- ✓ ou o contrário?

d) Forma:
- ✓ lógica, sistematizada?;
- ✓ há originalidade e equilíbrio na disposição das partes?

Indicação da Obra:
- ✓ a quem é dirigida: grande público, especialistas, estudantes?

3.4.8 Modelo de Resenha Pronto

ESCOLA: DUNAS – Centro Universitário de Ciências Gerenciais Aplicadas
CURSO: Gestão de Telecomunicações
TURMA: 1º Período
DISCIPLINA: Psicologia Aplicada
PROFESSOR: Mariângela
ALUNO: Escolástico Erodido
RESENHA

1 – REFERÊNCIA BIBLIOGRÁFICA

SPENCER, Johnson. M.D. *Quem mexeu no meu queijo?* 7.ed. São Paulo: Record, 2000, 107p. Trad. Maria Clara de Biase.

2 – CREDENCIAIS DO AUTOR

Johnson Spencer é autor de livros que foram sucesso de vendas no mundo inteiro. Criador e co-autor de *"O gerente-minuto"*, o *best seller* nº 1 do *New York Times*, escrito em parceria com o legendário consultor de gerenciamento *Kenneth Blanchard*.
Dr. Johnson escreveu muitos *best sellers*. Sua Educação inclui um *Bussiness Administration (B.A.)* em psicologia da *University of Southern* Califórnia, um *M.D. (Medical Doctor)* do *Royal College of Surgeons* e trabalhos realizados para a *Harvard Medical School* e *The Mayo Clinic*.

3 – CONHECIMENTO

O autor, utilizando-se de metáfora, aborda as necessidades e as dificuldades que existem para alguns, no que tange à constante avaliação de paradigmas aos quais estamos todos sujeitos, tanto na área dos relacionamentos empresariais e profissionais, quanto no âmbito dos relacionamentos pessoais.
Estabelece o autor um paralelo entre algumas facetas da personalidade humana, com suas reações típicas, efetuando uma analogia direta entre os resultados obtidos após algumas atitudes e/ou após a falta delas.

4 – CONCLUSÕES DO AUTOR

O autor conclui que é essencial enfocarmos as mudanças que ocorrem na vida, indispensáveis para a sobrevivência da espécie humana, bem como sugere que aqueles que conseguirem atingir esse objetivo terão resultados positivos e serão recompensados. Conclui ainda o autor, entre inúmeras outras constatações, que o único meio de gerarmos mudanças é através da ação, antecipada naturalmente pelo poder de decisão.

Pode-se depreender da leitura que o autor enfatiza que, para gerarmos resultados, necessitamos partir da tomada de decisões, almejando mudanças e adaptações, trabalhando nossas fraquezas e destacando nossas potencialidades.

5 – APRECIAÇÃO

Considero, baseado na análise do texto do autor, e em confirmação ao que é correntemente afirmado e experimentado nas situações práticas de convivência profissional e pessoal, ser absolutamente necessário estar atento às mudanças, antecipando-se a essa possibilidade, viabilizando através de análises constantes do ambiente em que nos encontramos (as forças, oportunidades, fraquezas e ameaças) as condições de minimizarmos (se não eliminarmos) as resistências naturais à formação e trabalho de novos paradigmas e azimutes, sob pena de não conquistarmos o sucesso em uma economia globalizada.

6 – RESENHISTA

O aluno do primeiro período (noturno), curso de Gestão de Telecomunicações, Escolástico Erodido, elaborou a presente resenha com o objetivo de auxiliar seus colegas na compreensão do livro "Quem Mexeu no Meu Queijo?", e para apreciação e julgamento da Profª. Antônima.

3.5 Trabalho Acadêmico

3.5.1 Conceito

Embora a maioria dos trabalhos contemplados neste livro se constitua de *trabalhos acadêmicos*, no caso específico deste tópico, trata-se dos trabalhos solicitados pelos professores das instituições no decorrer dos períodos do curso, trabalhos esses que visam a pesquisa com vistas à complementaridade da abordagem dos temas, para a melhor absorção dos conceitos envolvidos. Por se tratar de trabalho de *natureza simples*, é normalmente aceito que contenha Capa, Folha de rosto (ou contracapa), Sumário, Introdução, Desenvolvimento, Conclusão e Referências Bibliográficas e/ou Bibliografia. O conceito de Referência Bibliográfica aplica-se ao conjunto de elementos que permite a identificação de publicações, em parte ou totalmente, classificando-se em essenciais e complementares, desde que tenham sido *efetivamente utilizadas* e corretamente referenciadas no decorrer do texto. Já Bibliografia compreende a lista de documentos relacionados ao texto, incluindo-se aí os documentos *não citados* efetivamente *no decorrer do texto*, permitindo ao leitor aprofundar sua pesquisa em relação ao assunto abordado.

3.5.2 Elaboração de Trabalho Acadêmico

Para a elaboração desse tipo de trabalho, recomenda-se a abertura de um arquivo do Word, com a formatação *padrão* (já abordada neste livro, no tópico Resumo), salvando-o com um nome que lembre o tema do trabalho. Recomenda-se, ainda, a criação de dois arquivos distintos, quais sejam *pré-textuais* e *textuais*, em função da paginação (que é abordada neste tópico), editando-se a parte textual (introdução, desenvolvimento, conclusão e referências bibliográficas) independentemente das *capas*, que serão editadas no arquivo à parte, intitulado *pré-textuais*. O problema da paginação no editor de textos Microsoft Word é que este editor apresenta certa dificuldade em suprimir a exibição da numeração, alternadamente, em um mesmo arquivo. Considerando-se que, na maioria dos trabalhos acadêmicos, os elementos pré-textuais (exceto a Capa) são contados, porém não devem exibir a numeração de páginas, um recurso eficaz é a criação de arquivo separado para a edição dos elementos pré-textuais.

Para a paginação do arquivo *textuais*, deve-se proceder da seguinte forma:
- a) com o arquivo *textuais* aberto, selecione *inserir;*
- b) números de páginas;
- c) posição início da página (cabeçalho);
- d) *alinhamento* à direita;
- e) selecione *mostrar número na 1ª página*;
- f) *formata*r numeração de página: iniciar em: __ [4];
- g) clicar em OK.[5]

3.5.3 Modelo de Trabalho Acadêmico Pronto

Em função da paginação, esse trabalho é dividido em 2 (dois) arquivos, sendo um arquivo para as capas e sumário e outro arquivo para a parte textual (introdução, apresentação, desenvolvimento, conclusão e referências).

---

4. O número que deverá ser digitado neste espaço corresponde ao número da última página do arquivo "pré-textuais", uma vez que a "capa" não é numerada e não é contada.
5. Importante observar-se que a exibição da numeração deverá estar posicionada a uma distância de 2 (dois) centímetros da margem externa superior da página.

DUNAS – Centro Universitário de Ciências Gerenciais Aplicadas
CURSO DE DIREITO
Disciplina: **INTRODUÇÃO AO ESTUDO DO DIREITO**
Prof[a]. Futura Promotora de Justiça
Turma: D1pN

Aluno Um
Aluno Dois
Jeferson J. C. Franco
Aluno Quatro
Aluno Cinco

JUSTIÇA E EQÜIDADE

VILA VELHA
2004

Aluno Um
Aluno Dois
Jeferson J. C. Franco
Aluno Quatro
Aluno Cinco

JUSTIÇA E EQÜIDADE

> Trabalho acadêmico apresentado à disciplina Introdução ao Estudo do Direito, do Curso de Graduação em Direito do DUNAS – Centro Universitário de Ciências Gerenciais Aplicadas, para obtenção de nota parcial do segundo bimestre, para avaliação da Profª. Futura Promotora de Justiça.

VILA VELHA
2004

SUMÁRIO

APRESENTAÇÃO 3
1 INTRODUÇÃO 4
1.1 DEFINIÇÃO DE TERMOS 6
1.1.1 Conceito de Direito 6
1.1.2 Conceito de Justiça 7
1.1.3 Conceito de Eqüidade 9
2 JUSTIÇA COMO EQÜIDADE 11
3 TEORIA DE JUSTIÇA COMO EQÜIDADE 19
3.1 OS VÁRIOS ÂNGULOS DA JUSTIÇA ARISTOTÉLICA 19
3.1.1 As Justiças Distributiva e Corretiva 19
3.1.2 A Justiça como virtude geral e especial 20
3.1.3 A Justiça especial corretiva 21
3.2 POSTULADOS DA TEORIA DA JUSTIÇA COMO EQÜIDADE 22
3.2.1 1º Postulado 22
3.2.2 2º Postulado 23
3.2.3 Posição Original 23
4 CONCLUSÃO 28
REFERÊNCIAS 30

APRESENTAÇÃO

O presente trabalho acadêmico trata de revisão da bibliografia acerca do tema *Justiça e Eqüidade*, abordando conceitos diversos de práticas e termos inerentes ao Direito, efetuando breve resgate histórico da matéria.

No primeiro tópico são apresentadas a introdução ao assunto, bem como definições de termos dos principais conceitos abordados durante o desenvolvimento do trabalho.

No segundo tópico é apresentado um panorama geral sobre a Justiça como Eqüidade.

No terceiro tópico são abordados os posicionamentos a respeito da matéria, desde a Antigüidade até os dias atuais, assim como a interpretação de alguns juristas, sendo apresentados também alguns conceitos relativamente modernos sobre a Teoria da Justiça como Eqüidade.

A seguir, é apresentada uma conclusão, seguida das referências bibliográficas utilizadas para o embasamento do presente estudo.

1 INTRODUÇÃO

O Direito, historicamente, surgiu, em essência, quase imediatamente a partir do momento em que os seres humanos decidiram reunir-se em grupos, vivenciando, como conseqüência dessa convivência, os benefícios advindos da cooperação entre si em busca de atingir objetivos comuns e, principalmente, a necessidade de administrar as competições resultantes dessa convivência, assim como intermediando e regulando os conflitos inerentes à limitação dos interesses individuais, em detrimento dos interesses coletivos.

Assuntos como propriedade, sucessão e herança, casamento, administração dos bens comuns, sanções e punições em caso de infração e desrespeito às normas comumente acordadas pela maioria dos constituintes dos diversos grupos de pessoas, independentemente dos motivos que os levaram a se agrupar – ocorrência geográfica, ascendência familiar, culto religioso, fundamentação filosófica etc. –, demandam estudos de comportamento, sistematização, discussão, aprovação, imposição de sanção e definição de punição, votação, aprovação, enfim,

todo um conjunto de ritos, no sentido de privilegiar o senso comum e o pensamento corrente da maioria – desde que padrões como ético, aceitável e aplicável sejam respeitados – pelo(s) grupo(s) de indivíduos.
Constituído principalmente da condição de *ser gregário*, o homem – embora consiga manter-se isolado por períodos – necessita viver em grupos. Nessa linha de raciocínio, Paulo Nader (2004, p. 21) afirma: "A experiência tem demonstrado que o homem é capaz, durante algum tempo, de viver isolado. Não, porém, durante a sua existência".

1.1 DEFINIÇÃO DE TERMOS

Neste tópico, são apresentados alguns conceitos de termos relatados nesse trabalho, somente em nível delineativo, posto que o dinamismo e a democraticidade inerentes ao Direito coíbem a postura de definição final, havendo a possibilidade de concordância e discordância, assim como de complementação dos conceitos em epígrafe.

1.1.1 Conceito de Direito

Conforme Nascimento (1997):

> A palavra "direito", formou-se desta junção latina: *dis* (muito, intensa) mais *rectum* (reto, justo); donde, *disrectum* e, a seguir, *directum*, que significa, pois, "muito reto", "muito justo". E, por extensão, "o que é reto", o que é justo", aqui, segundo verbete de De Plácido e Silva, "entendendo-se tudo aquilo que é conforme à razão, à Justiça e à Eqüidade." (grifos originais). (NASCIMENTO, 1997, p. 7).

Pode-se depreender, a partir da análise do texto acima, que a palavra *direito* tem o cunho de representar todo um cabedal de estado de respeito e ordenamento, absolutamente necessários à manutenção da harmonia no estado civilizado de sociedade, imbuída, ainda, de caráter filosófico e prático.
Sobre o sentido fundamental da palavra *direito*, ainda em Nascimento (1997), tem-se que:

É preciso atentar para a palavra "direito" no seu sentido fundamental, como adverte Marcel Planiol. Ela designa uma faculdade, diz esse civilista francês, reconhecida a uma pessoa pela lei, permitindo-lhe praticar determinados atos, Por exemplo:
   a) o direito de propriedade autoriza o proprietário a utilizar o bem que lhe pertence em proveito próprio, com a exclusão de qualquer outra pessoa;
   b) o direito de testar garante ao testador a iniciativa de atribuir seus bens a sucessores da sua livre escolha;
   c) o direito de pátrio poder dá ao pai autoridade para impor a sua vontade na educação do filho. (grifo original). (NASCIMENTO, 1997, p. 8).

1.1.3 Conceito de Eqüidade

A palavra eqüidade significa, em uma de suas muitas interpretações, conforme consta do Dicionário Bueno (2001, p. 304), "igualdade, retidão."
A condição de eqüidade indica o direito que, embora não formulado categoricamente pelos jurisconsultos, se acha difundido na consciência social. Não é Justiça abstrata ou ideal, nem se identifica com a Moral, embora desta não prescinda, mas a Justiça como é sentida pelos membros do grupo social, que encontram nos juristas intérpretes seguros.
Aristóteles, em seu livro *Ética a Nicômaco*, procurando esclarecer de modo concreto o conceito de eqüidade, comparou-a a um instrumento muito usado nas construções de ilha de Lesbos, o qual, construído a partir de material bastante flexível, podia medir inclusive superfícies esféricas e contornos irregulares, adaptando-se ao tipo especial, mesmo sinuoso, do objetivo medido, diferentemente do leito de Procusto, que torturava ou mutilava as vítimas para que estas o cobrissem em todo o cumprimento. Importante função cabe à eqüidade no estudo da filosofia de Aristóteles. Cabe à eqüidade adequar a lei (norma geral e abstrata) ao caso particular e concreto.
A seguir, um trecho do livro *"Ética a Nicômaco."(1973)*:

> A Justiça e a Eqüidade são (...) a mesma coisa, embora a Eqüidade seja melhor. O que cria o problema é o fato de o eqüitativo ser justo, mas não o justo segundo a lei, e sim um corretivo da Justiça legal. A razão é que [...]

> [...]
> toda lei é de ordem geral, mas não é possível fazer uma afirmação universal que seja correta a certos aspectos particulares. (...) De fato, a lei não prevê todas as situações porque é impossível estabelecer uma lei a propósito de algumas delas, de tal forma que, às vezes, se torna necessário recorrer a um decreto. Com efeito, quando uma situação é indefinida a regra também tem de ser indefinida, como acontece com a régua de chumbo usada pelos construtores em Lesbos; a régua se adapta à forma da pedra e não é rígida, e o decreto se adapta aos fatos de maneira idêntica. (ARISTÓTELES, 1973, p. 88).

O fato é que a lei é genérica e nem todos os casos devem ser punidos com o máximo de Justiça. A Eqüidade transcorre do fato de que se deve tratar desigualmente os desiguais. Mas a eqüidade não pode ser aplicada arbitrariamente, posto que se quer visar à segurança jurídica. O Direito existe, fundamentalmente, para cobrir duas falhas da sociedade: a violência e a arbitrariedade. Eqüidade, portanto, em linhas gerais, significa, basicamente, a igualdade dos desiguais.

2 Justiça como Eqüidade

No Brasil, a Constituição Federal (Constituição Cidadã), promulgada em 1988, preceitua, em seu artigo 5º: *caput*: Todos são iguais perante a lei, sem distinção de qualquer natureza, garantindo-se "aos brasileiros e aos estrangeiros residentes no País a inviolabilidade do direito à vida, à liberdade, à igualdade, à segurança e à propriedade, nos termos seguintes (...)."
A Justiça é o único *poder* que pode traduzir a consciência emergente da unidade da raça humana em uma vontade coletiva, através da qual as estruturas necessárias à vida comunitária global poderão ser erigidas com confiança. Uma época que vê os povos do mundo terem acesso crescente a todos os tipos de informação e a uma diversidade de idéias, encontrará na Justiça o princípio governativo da organização social bem-sucedida. Com uma freqüência cada vez maior, as propostas que visam o desenvolvimento do planeta terão de submeter-se à luz imparcial dos padrões exigidos pela Justiça.
Considerando-se o pensamento jurídico atual, verifica-se que, ao lado do marxismo – fiel à idéia do economismo essencial –, ou dos adeptos do Direito

Natural – de tradição tomista –, com todas as suas variantes, duas novas posições vieram se destacando de maneira mais significativa.

Em primeiro lugar, os neopositivistas ou neo-empiristas consideram que não se pode dizer que a procura do fundamento do Direito corresponda a um problema: a Justiça é, antes, uma aspiração emocional, suscetível de inclinar os homens, segundo diversas direções, em função de contingências humanas de lugar e de tempo.

Sendo impossível decidir-se por qualquer delas com base em dados verificáveis, a Justiça é, do ponto de vista da ciência, um pseudoproblema, o que não impede que, do ponto de vista da Moral, seja uma exigência de ordem prática, de natureza afetiva ou ideológica.

Antes dos neopositivistas, e antecipando-se a eles, também Kelsen viu na Justiça uma questão de ordem prática, insuscetível de qualquer indagação teórico-científica.

3 TEORIA DE JUSTIÇA COMO EQÜIDADE

Essa denominação tem lugar porque se considera que todas as pessoas da sociedade partem de uma posição original de igualdade, daí essa teoria ser vista como uma parte da teoria da escolha racional, inclusive porque vê o contratualismo como melhor caminho à constituição teórica da Justiça.

Sua idéia intuitiva é que a estrutura básica da sociedade abarca diferentes situações sociais e aqueles que nascem nessas situações diferentes têm diferentes expectativas de vida. (RAWLS, 1986, p. 30)

O art. 126, do Código de Processo Civil, é expresso na referência à eqüidade, como instrumental para resolução de conflitos, bem como permitir-se a sua aplicação pelo art. 5º da Lei de Introdução ao Código Civil.[6]

3.1 OS VÁRIOS ÂNGULOS DA JUSTIÇA ARISTOTÉLICA

3.1.1 As Justiças Distributiva e Corretiva

O conteúdo das leis é a Justiça, admitida esta sob vários enfoques.

---
6. A lei reguladora do Juizado de Pequenas Causas, no seu art. 26, também prevê a utilização da eqüidade (Lei nº 7.244/84).

O principal fundamento da Justiça é a *Igualdade*, sendo esta aplicada de várias maneiras.

O princípio da *Igualdade*, assim, é entendido por Aristóteles de duas formas fundamentais, originando daí duas espécies de *Justiça*: a *Distributiva* e a *Corretiva*. Esta última, por sua vez, subdivide-se em *Comutativa* e *Judicial*.

A justiça distributiva tem por escopo fundamental a divisão de bens e honras da comunidade, segundo a noção de que cada um perceba o proveito adequado a seus méritos.

3.1.2 A Justiça como Virtude Geral e Especial

Nesse contexto, Aristóteles trilha o mesmo pensamento de Platão, na medida em que considera a justiça no duplo aspecto da *Virtude Geral* e da *Virtude Especial*, sendo as justiças distributiva e corretiva subdivisões da *Especial*

A justiça como *Virtude Geral*, também chamada de *Legal*, vem assim enfocada por Aristóteles:

> Em geral, a maioria das disposições legais está constituída por prescrições da virtude total, porque a lei manda viver de acordo com todas as virtudes e proíbe que se viva de conformidade com todos os vícios. E, das disposições legais, servem para produzir a virtude total todas aquelas estabelecidas sobre a educação para a vida em comunidade. Assim, a lei esgota o domínio ético do cidadão, sendo, por isso, a medida objetiva da justiça no seu mencionado sentido. A justiça geral consiste, pois, no cumprimento da lei. Inversamente, a injustiça total é a sua violação. (ARISTÓTELES, 1999, p. 18).

A noção elementar de Justiça recai, pois, sobre sua idéia a partir do entendimento do que seja *Injustiça*. O homem justo seria aquele que cumprisse a lei e o injusto o que a descumprisse. O alcance da Justiça teria como substância fundamental o primado da *Igualdade, Eqüidade*. A injustiça corresponderia à noção da *Ilegalidade* e da *Desigualdade*.

Entrementes, nem tudo o que se tem por desigual é necessariamente injusto, a depender das desigualdades reinantes entre os indivíduos integrantes do Estado, ou seja, a desigualdade das partes que compõem o todo.

3.1.3 A Justiça Especial Corretiva

Sob outro ângulo, ao lado da *Justiça Distributiva* põe-se a chamada *Justiça Corretiva*. Observe-se, de logo, que ao discorrer sobre a justiça corretiva, Aristóteles afirma que podem ser estabelecidas duas classes de relações entre os cidadãos: *Voluntárias* (contratuais) e *Involuntárias* (delitos).

3.2 POSTULADOS DA TEORIA DA JUSTIÇA COMO EQÜIDADE

3.2.1 1º Postulado

A escolha dos primeiros princípios – A dificuldade está no fato de que cada pessoa deseja proteger seus interesses e não têm razões para consentir uma perda significativa com o fim de obter um valor líquido de satisfação superior, dessa forma o utilitarismo mostra-se incompatível com a concepção de uma cooperação social entre iguais, destinada a assegurar benefícios mútuos; é que as instituições não podem ser justificadas pelo argumento de que as dificuldades de alguns são compensadas por um maior bem total.

> Pode, em certos casos, ser oportuno que alguns tenham menos para que outros possam prosperar, mas tal não é justo. Porém, não há injustiça no fato de alguns conseguirem benefícios maiores que outros, desde que a situação das pessoas menos afortunadas seja, por esse meio, melhorada. A idéia intuitiva é a seguinte: já que o bem-estar de todos depende de um sistema de cooperação sem o qual ninguém poderia ter uma vida satisfatória, a divisão dos benefícios deve ser feita de modo a provocar a cooperação voluntária de todos os que nele tomam parte, incluindo os que estão em pior situação. (RAWLS, 1986, p. 35).

Por ser contratualista, envolve na escolha a interpretação da situação inicial e o conjunto de princípios suscetíveis de serem objeto dessa escolha.

3.2.2 2º Postulado

> A formulação da carta fundamental da sociedade – "Adotada uma concepção da Justiça, poder-se-á escolher a constituição, um sistema de produção de leis, e assim por diante." (RAWLS, 1986, p. 34).

> Entendendo que nenhuma sociedade pode ser um sistema de cooperação no qual se participa de forma voluntária, Rawls (1986) afirma que: "Pelo nascimento todos estamos situados em uma sociedade concreta e em uma posição determinada, e a natureza desta posição afeta naturalmente as nossas perspectivas de vida, porém a teoria da Justiça como equidade é a mais próxima do sistema voluntário." (RAWLS, 1986, p. 34).

3.2.3   Posição   Original

3.2.3.1 Situação Inicial dos Participantes

A posição original (*status quo inicial*) é hipotética e não histórica, onde todos os cidadãos estariam em uma posição de igualdade, em pleno exercício de sua racionalidade e com desinteresse mútuo, ou seja, nela as pessoas são livres, racionais (escolha da via mais efetiva para atingir fins determinados) e mutuamente desinteressadas (não significa serem egoístas, mas que não têm interesse nos interesses dos outros).
Nesta posição é formulado o contrato original, aquele que tem por objetivo os princípios da Justiça aplicáveis à estrutura básica da sociedade. (RAWLS, 1986).

3.2.3.2 Véu da Ignorância

Na posição original estamos obrigados a definir as atribuições sem a menor noção de se seremos o presidente da república, um deputado, um magistrado, um professor, um lavrador, um pedreiro etc. Procedem-se essas escolhas com base em considerações gerais, sem situar-se na nossa posição atual, que só será definida posteriormente. O véu da ignorância é elemento fundamental à teoria da Justiça como Eqüidade por nele ser impossível o conhecimento de elementos pormenorizados, o que resultaria no desvio das escolhas das regras da Justiça como Eqüidade devido às contingências arbitrárias. (RAWLS, 1986).

4 CONCLUSÃO

Pela leitura e análise dos textos apresentados no presente trabalho, pode-se depreender que a polêmica inerente à questão da prática da Justiça com equilíbrio e respeito às desigualdades afeta à estratificação social natural é antiga, demandando diversos estudos, principalmente pelo fato de envolver critérios subjetivos para embasar o que poderia ser chamado de *meio-termo* entre a aplicação cirúrgica da letra fria da lei (Direito Positivo) e o bom senso de se levar em conta estarem em julgamento destinos de seres humanos, dotados de emocionabilidade, sensibilidade e outros aspectos menos ligados a questões puramente práticas.

Importante observar que o estudo desta matéria se reveste de crucial importância para os acadêmicos do primeiro período do Curso de Direito, na medida em que incita ao pensamento de questões filosófico-sociológicas diretamente ligadas à convivência no meio social, de cujo meio social é o Direito o instrumento mais importante no sentido da regulação e imposição de limites, juntamente com a Religião, a Moral e as Regras de Trato Social.

Espera-se dos futuros operadores do Direito maior coerência social e sensibilidade na aplicação dos códigos legais, sob pena da manutenção do atual estado de desigualdade acentuada pelas revoluções e avanços tecnológicos ocorridos na Humanidade.

Tal assertiva se justifica na necessidade indubitável da adaptação da consciência dos operadores do Direito, como um todo, à realidade atual e futura, que leva cada vez mais os anseios e necessidades humanas em consideração, sob pena de, em nome da Justiça, prosseguirem utilizando os mecanismos e aparatos legais simplesmente para respaldarem a supremacia da dominação das classes dominantes sobre as classes menos privilegiadas, incluindo-se aí a falta e/ou o impedimento do acesso à Justiça! (como Eqüidade).

REFERÊNCIAS

ARISTÓTELES. **Ética a Nicômaco**. Trad. de Mário da Gama Kury, 3. ed. Brasília: UnB, 1999. Disponível em: <http://www.ambito-juridico.com.br/aj/dp0025.htm>. Acesso em: 03 nov. 2004.

BANDEIRA DE MELLO, Celso Antônio. **Conteúdo Jurídico do Princípio da Igualdade**. 3. ed. São Paulo: Malheiros, 1999.

BOBBIO, Norberto. **Direito e Estado no Pensamento de Emanuel Kant**. Brasília: UNB, 1995.

BRASIL. **Constituição da República Federativa do Brasil**, promulgada em 5 de outubro de 1988. 25. ed. São Paulo: Saraiva, 2000.

FERREIRA, Aurélio Buarque de Holanda. **Novo Dicionário da Língua Portuguesa**. Rio de Janeiro: Nova Fronteira, 1996.

KELSEN, Hans. **O Que é Justiça?** trad. de Luís Carlos Borges e Vera Barkow. São Paulo: Martins Fontes, 1997.

LUHMANN, Niklas. **Legitimação pelo Procedimento**. trad. de Maria da Conceição Côrte-Real. Brasília: UnB, 1980. Disponível em: <http://www1.jus.com.br/doutrina/texto.asp?id=810>. Acesso em: 16 out. 2004.

MILLER, David; WALZER, Michael (eds.). *Pluralism, justice, and equality*. Oxford: Oxford University Press, 1995.

NADER, Paulo. **Introdução ao Estudo do Direito**. Rio de Janeiro: Forense, 2004.

NEGRÃO, Theotonio. **Código de Processo Civil e legislação processual em vigor**. São Paulo: Saraiva, 2000.

NOZICK, Robert. *Anarchy, State, and Utopia*. New York: Basic Books, 1974. trad. de Ruy Jungmann. Rio de Janeiro: Jorge Zahar, 1991.

ORDEM DOS ADVOGADOS DO BRASIL. Estatuto da Advocacia e da Ordem dos Advogados do Brasil. Disponível em: <www.oabpr.com.br/exame/regulamento.asp. Acesso: 03 nov. 2004.

PLATO. **Laws**. *Great Books of the Western World*. Chicago: University of Chicago, 1952. Disponível em: <http://www1.jus.com.br/doutrina/texto.asp?id=81>. Acesso em: 18 out. 2004.

RAWLS, John. **Uma Teoria da Justiça**. trad. de Carlos Pinto Correia. Lisboa: Presença, 1986.

SUPLICY, Eduardo M. **Renda de cidadania** – A saída é pela porta. São Paulo: Cortez/ Fundação Perseu Abramo, 2002.

UNIVERSIDADE FEDERAL DO ESPÍRITO SANTO. Biblioteca Central. **Normalização e Apresentação de Trabalhos Científicos e Acadêmicos**: guia para alunos, professores e pesquisadores da UFES/Universidade Federal do Espírito Santo. Vitória: A Biblioteca, 6. ed. rev. amp., 2004.

NASCIMENTO, Walter Vieira do. **Lições de História do Direito**. Rio de Janeiro: Forense, 1997.

3.6 Seminário

3.6.1 CONCEITO

Silveira Bueno (2004, p. 707) descreve seminário como "(...) reunião ou conjunto de palestras; conferências sobre um assunto comum; grupo de estudos em que cada indivíduo expõe um tema".

No Dicionário Aurélio (FERREIRA, 1993, p. 499), consta "(...) **2.** grupo de estudos em que se debate matéria que cada participante expõe".

Nas instituições de ensino tem-se utilizado o recurso de apresentação de seminários com o intuito de promover a participação mais ampla de todos os alunos, atuando inclusive na quebra de barreiras e limitações verificadas entre os estudantes quando é necessário falar em público.

O objetivo fundamental de um seminário é a apresentação para debate de um estudo aprofundado de uma questão. Isso implica que, quando se participa de um seminário, deve-se providenciar:

- ✓ um estudo aprofundado que não se restrinja às características de um fichamento;
- ✓ um estudo com vistas à comunicação e discussão; e
- ✓ um estudo que só pode ser bem debatido se partir de um texto-roteiro, preferencialmente entregue aos demais participantes.

3.6.2 TAREFAS EM GRUPO

problematização do tema (geralmente introduzido pelo professor);
estabelecimento de um cronograma que preveja:
- – encontro de grupo para analisar a lista bibliográfica (levantamento e seleção de livros);
- – encontro para discussão da problemática à luz das fichas de leitura dos integrantes do grupo (todos já devem ter lido e fichado os textos);

— encontro para elaboração de um texto-roteiro para o seminário (que deve ser distribuído depois aos estudantes da turma);
— encontro para operacionalizar a apresentação do seminário (recursos audiovisuais, técnicas de grupo etc.).

3.6.3 Tarefas Individuais

✓ Elucidação do tema ou do texto (ver sua parte dentro do grupo);
✓ leitura e fichamentos;
✓ situar a sua parte no contexto do grupo.

3.6.4 Elaboração de Seminário

O trabalho acadêmico em si segue as regras apresentadas no item 3.5 deste trabalho, devendo, após sua conclusão, ser transferido para uma apresentação do *Microsoft® PowerPoint®*.

3.7 Apresentação de Trabalho Utilizando o Microsoft® PowerPoint®

3.7.1 Conceito

A apresentação de Trabalho em *PowerPoint* é um conjunto de *slides* para ser utilizado em aulas, seminários, palestras etc. Trata-se de recurso audiovisual. A elaboração e formatação do trabalho que servirá de base para a apresentação deverão seguir as normas específicas referentes a cada tipo de trabalho, mantendo-se suas características o mais originalmente possível, quando da transformação em apresentação do *PowerPoint*.

3.7.2 Elaboração de Apresentação

Uma apresentação pode ser dividida em várias partes, como também pode seguir a regra geral de uma estrutura de três partes. No começo, introduz-se o tema que se quer apresentar. Este será inserido no meio e, para finalizar, faz-se um resumo do que foi apresentado. Portanto, uma apresentação tem começo, meio e fim.

3.7.3 Estrutura de Apresentação

✓ Introdução;
✓ Corpo;
✓ Resumo e *Conclusão*.

O conteúdo dos detalhes do tema deve ser incluso no *Corpo* da apresentação já descrita na introdução. Para uma estrutura mais clara que ajude a platéia a acompanhar as informações e lembrar-se delas, o *Corpo* pode ser dividido em varias partes.

3.7.4 Como Obter Sucesso em uma Apresentação

Preparação de uma apresentação:
  ✓ identificação pessoal, especialidade, cargo/ocupação etc.;
  ✓ assunto/Tema do Evento;
  ✓ uma síntese do tema e sua estrutura;
  ✓ objetivo do seu Tema, o que será apresentado;
  ✓ referência ao tipo de apoio visual que se planeja usar;
  ✓ referência ao tempo da apresentação;
  ✓ referência às perguntas e discussão;
  ✓ resumo e conclusão.

3.7.5 Modelo de Apresentação em Power Point Pronto

Conceitos teóricos básicos

CIÊNCIA

"Um conjunto de conhecimentos racionais, certos ou prováveis, obtidos metodicamente, sistematizados e verificáveis, que fazem referência a objetos de uma mesma natureza" (Lakatos & Marconi, 1991).

"... é todo conjunto de atitudes e atividades racionais, dirigidas ao sistemático conhecimento, com objeto limitado, capaz de ser submetido à verificação" (Ferrari, 1982).

Conceitos teóricos básicos

SENSO COMUM

"... resulta de repetidas experiências casuais de erro e acerto, sem observação metódica, nem verificação sistemática. Pode também resultar de simples transmissão de geração para geração e, assim, fazer parte das tradições de uma coletividade" (Galliano, 1986).

"... É o modo comum, espontâneo, pré-crítico de conhecer. É o conhecimento do povo que atinge os fatos sem lhes inquirir as causas" (Ruiz, 1993).

Conhecimento Científico x Senso Comum (Lakatos & Marconi, 1991)

Senso Comum	Conhecimento Científico
transmitido de geração em geração	transmitido por treinamento apropriado
meio: educação informal, imitação, experiência pessoal	meio: modo racional, procedimento científico
características:	características:
1) empírico	1) sistemático
2) valorativo	2) real (factual)
3) superficial	3) contingente
4) subjetivo	4) objetivo
5) acrítico	5) lógico/crítico

3.8 Artigo Científico

3.8.1 Conceito

Visa publicar resultados de um estudo. Embora tenha formato reduzido (entre 5 e 10 páginas), é sempre um trabalho completo, um texto integral. Estruturalmente, é composto de: título do trabalho, autor, credenciais do autor, local das atividades; sinopse (resumo em Português e em uma língua estrangeira, de preferência, em inglês); corpo do artigo (introdução, desenvolvimento e conclusão); parte referencial (referências bibliográficas, como notas de rodapé ou final de capítulo, bibliografia, apêndice, anexos, agradecimentos, data). O conteúdo de um artigo científico pode ser muito variado, como, por exemplo, discorrer sobre um estudo pessoal, oferecer soluções para posições controvertidas. Em geral, sua estrutura é definir o assunto que apresenta aspectos relevantes e irrelevantes, partes e relações existentes. No artigo classificatório há uma ordenação de aspectos de determinado assunto e explicação de suas partes. Sua estrutura é a seguinte: definição do assunto, explicação da divisão, tabulação dos tipos e definição de cada espécie. Já no artigo argumentativo há o enfoque de um argumento e depois a apresentação dos fatos que provam ou refutam o fato. Sua estrutura é a exposição da teoria, apresentação de fatos, síntese dos fatos, conclusão. São motivos para a elaboração de um artigo científico: existência de aspectos de um assunto que não foram estudados suficientemente ou o foram superficialmente; necessidade de esclarecer uma questão antiga; inexistência de um ou mais livros sobre o assunto ou o aparecimento de um erro. O estilo, como em qualquer trabalho científico, deve ser claro, conciso e objetivo. A linguagem deverá se apresentar gramaticalmente correta, precisa, coerente, simples e, preferencialmente, em terceira pessoa.

(...) entre 10 (dez) e 15 (quinze) páginas (...).

Segundo o Manual para elaborar artigos da Pontifícia Universidade Católica de Minas Gerias (PUCMINAS, ago/2008), RESUMO em espaço 1,5 linhas, com extensão de 100 a 250 palavras (Norma ABNT NBR 6028/2003):

ESTRUTURA DO ARTIGO CIENTÍFICO (NBR 6022/2003)
- Título e subtítulo
- Autoria
- Resumo
- Palavras-chave
- Corpo do texto (introdução, desenvolvimento, conclusão)
- Resumo em língua estrangeira
- Palavras-chave em língua estrangeira
- Referências
- Anexos

ARTIGO - (...) citações textuais ou livres, com indicação dos autores conforme norma NBR 10520/2002.

(...) sistema de numeração progressiva. (NBR 6024/2003)

(...) Normas de Apresentação Tabular (FUNDAÇÃO INSTITUTO BRASILEIRO DE GEOGRAFIA E ESTATÍSTICA, 1993)

3.8.2 Modelo de Artigo Científico Pronto

FACULDADE MILÊNIO VELHO
TECNOLOGIA EM GESTÃO DE SISTEMAS DE INFORMAÇÃO
MODELOS DE GESTÃO DE NEGÓCIOS

Anônimo
Fulânimo
Sicrônimo

ARTIGO
OS AVANÇOS DA TECNOLOGIA DE INFORMAÇÃO
NA SOCIEDADE CONTEMPORÂNEA:
O NOVO PAPEL E A IMPORTÂNCIA DA INFORMAÇÃO, DO APREN-
DIZADO E DE MODELOS DE GESTÃO

VILA VELHA
2005

**Anônimo
Fulânimo
Sicrônimo**

**ARTIGO
OS AVANÇOS DA TECNOLOGIA DE INFORMAÇÃO
NA SOCIEDADE CONTEMPORÂNEA:
O NOVO PAPEL E A IMPORTÂNCIA DA INFORMAÇÃO, DO
APRENDIZADO E DE MODELOS DE GESTÃO**

> Artigo científico apresentado à disciplina Modelos de Gestão de Negócios do Curso de Tecnologia em Gestão de Sistemas de Informação da Faculdade Milênio Velho – Campus Vila Velha, para avaliação da Prof[a]. Celine Dior.

**VILA VELHA
2005**

OS AVANÇOS DA TECNOLOGIA DE INFORMAÇÃO NA SOCIEDADE CONTEMPORÂNEA: O NOVO PAPEL E A IMPORTÂNCIA DA INFORMAÇÃO, DO APRENDIZADO E DE MODELOS DE GESTÃO

Anônimo – (FNM) – anonimo@mileniovelho.br
Fulânimo – (FNM) – fulanimo@mileniovelho.br
Sicrônimo – (FNM) – sicronimo@mileniovelho.br

RESUMO

Vários acontecimentos de importância histórica têm transformado o cenário social da vida humana. Uma revolução tecnológica concentrada nas tecnologias da informação está remodelando a base material da sociedade em ritmo acelerado. O próprio capitalismo passa por um processo de profunda reestruturação caracterizado por maior flexibilidade de gerenciamento; descentralização das empresas e sua organização em redes, tanto internamente quanto em suas relações com outras empresas. As mudanças sociais são tantas quanto os processos de transformação tecnológica e econômica. Nesse sentido, um novo paradigma tecnológico começa a ser delineado neste início de século. O esboço da era da inteligência em rede é marcado por diversas tendências relativas às tecnologias de informação.
Palavras-chave: Tecnologia; Automação; reestruturação.

1 INTRODUÇÃO

A base da transformação organizacional e da vantagem competitiva, neste cenário, é a *informação traduzida em conhecimento*. Dessa forma, a informação e o conhecimento passam a ser recursos centrais para as organizações, permitindo-lhes um alinhamento estratégico que gera as condições necessárias para alcançar os objetivos e cumprir a missão corporativa. E ainda, a competência tecnológica influencia as estratégias da organização, estruturando uma relação de natureza dinâmica ao agregar valor às diversas práticas organizacionais. Assiste-se, então, à aplicação das tecnologias de informação em toda a cadeia de negócios, desde a concepção de um produto e/ou serviço até a sua comercialização e distribuição.

2 OS AVANÇOS DA TECNOLOGIA DE INFORMAÇÃO NA SOCIEDADE CONTEMPORÂNEA

O cenário competitivo das empresas vem apresentando profundas mudanças nas últimas décadas. Esse fato vem exigindo rápidas e contínuas adaptações na postura estratégica dessas empresas, para sobreviver e crescer nesses novos tempos de globalização da economia. Fortes tendências e fatores tecnológicos estão direcionando essa mudança na estratégia das empresas. Os mais marcantes, segundo Bettis & Hitt apud MACHADO; ANTONIALLI e SILVA (1996 p. 15), são: "a taxa crescente da mudança e inovação tecnológica, a chamada 'era da informação', a crescente intensidade do conhecimento, e a emergência da indústria do *feedback* positivo."

Essa mudança tecnológica, segundo o autor, tem um forte impacto psicológico e sociológico. Obriga as pessoas a pensar novas maneiras de gerenciamento, como novos padrões de eficiência e produtividade.

E ainda, Bettis & Hitt apud MACHADO; ANTONIALLI e SILVA (1996 p. 15) discutem o nascimento de uma nova era com uma nova economia, uma nova política, uma nova organização e novos indivíduos, com a tecnologia de informação transformando a economia em processos digitais e inteligência em rede. Nos países ditos do Primeiro Mundo, a tecnologia de informação tem sido considerada como um dos fatores responsáveis pelo sucesso das organizações, tanto no nível de sobrevivência, quanto no aumento da competitividade.

Os administradores, em geral, investem em novas tecnologias de informações porque acreditam que isso lhes permitirá realizar suas operações mais rapidamente e a um custo mais baixo; utilizam-na para objetivos estratégicos e para planejar e alcançar um ou mais dos três operacionais independentes, conforme Bzuboff apud MACHADO; ANTONIALLI e SILVA (1996 p. 16):

    a) aumentar a continuidade (integração funcional, automação intensificada, resposta rápida);

    b) melhorar o controle (precisão, acuidade, previsibilidade, consistência, certeza); e

    c) proporcionar maior compreensão (visibilidade, análise, síntese) das funções produtivas.

Nesse sentido, as informações têm importância crescente para o desempenho da empresa e do país. Elas apóiam a decisão, como fator de produção, exercem influências sobre o comportamento das pessoas e passam a ser um vetor importantíssimo, pois podem multiplicar a sinergia dos esforços ou anular o resultado do conjunto destes.

Atualmente, fala-se muito sobre o poder da informação e sobre a indústria da informação, como forma de gerar vantagem competitiva para as organizações. Segundo Gonçalves & Veiga apud MACHADO; ANTONIALLI e SILVA (1996 p. 20): "a informação pode ser definida como dados processados de forma a terem significado para seu receptor, possuindo valor real ou percebido relativamente às decisões atuais ou futuras."

3 A REVOLUÇÃO DA TECNOLOGIA DA INFORMAÇÃO

A atual revolução tecnológica caracteriza-se não pela centralidade de conhecimentos e informação, mas pela aplicação desses conhecimentos e dessa informação para a geração de conhecimentos e de dispositivos de processamento/comunicação da informação, em um ciclo de realimentação cumulativo entre a inovação e seu uso.

Os usos das novas tecnologias de telecomunicações nas duas últimas décadas passaram por três estágios distintos, conforme Castells (1999, p. 50): "a automação de tarefas, as experiências de usos e a reconfiguração das aplicações." Nos dois primeiros estágios, o progresso da inovação tecnológica baseou-se em aprender *usando*. No terceiro estágio, os usuários aprenderam a tecnologia *fazendo*, o que acabou resultando na reconfiguração das redes e na descoberta de novas aplicações.

O ciclo de realimentação entre a introdução de uma nova tecnologia, seus usos e seus desenvolvimentos em novos domínios torna-se muito mais rápido no novo paradigma tecnológico. Conseqüentemente, a difusão da tecnologia amplifica seu poder de forma infinita, à medida que os usuários apropriam-se dela e a redefinem.

Segundo Castells (1999, p. 51), pela primeira vez na história, "a mente humana é uma força direta de produção, não apenas um elemento decisivo no sistema produtivo." Neste sentido, os contextos culturais/institucionais e a ação social intencional interagem de forma decisiva com o novo sistema tecnológico, mas esse sistema tem sua própria lógica embutida, caracterizada pela capacidade de transformar todas as informações em um sistema comum de informação, processando-as em velocidade e capacidade cada vez maiores e com custo cada vez mais reduzido em uma rede de recuperação e distribuição potencialmente em toda parte.

Na verdade, o dilema do determinismo tecnológico é, provavelmente, um problema infundado, dado que a tecnologia é a sociedade, e a sociedade não pode ser entendida ou representada sem suas ferramentas tecnológicas, conforme Castells (1999, p. 25).

E ainda, para Castells (1999, p. 26), "a revolução da tecnologia da informação difundiu pela cultura mais significativa de nossas sociedades o espírito libertário dos movimentos dos anos 60." No entanto, logo que se propagaram e foram apropriadas por diferentes países, várias culturas, organizações diversas e diferentes objetivos, as novas tecnologias da informação explodiram em todos os tipos de aplicações e usos que, por sua vez, produziram inovação tecnológica, acelerando a velocidade e ampliando o escopo das transformações tecnológicas, bem como diversificando suas fontes.

3.1 O SER NA SOCIEDADE INFORMACIONAL

As novas tecnologias da informação estão integrando o mundo em redes globais de instrumentalidade. A comunicação mediada por computadores gera uma gama enorme de comunidades virtuais. Mas a tendência social e política característica da década de noventa, segundo Castells (1999, p. 39), foi a "construção da ação social e das políticas em torno de identidades primárias – ou atribuídas, enraizadas na história e geografia, ou recém-construídas em uma busca ansiosa por significado e espiritualidade." Os primeiros passos históricos das sociedades informacionais parecem caracterizá-las pela preeminência da identidade como seu princípio organizacional.

Por identidade, Castells (1999) entende:

> O processo pelo qual um ator social se reconhece e constrói significado, principalmente com base em determinado atributo cultural ou conjunto de atributos, a ponto de excluir uma referência mais ampla a outras estruturas sociais. (CASTELLS, 1999, p. 39).

A afirmação de identidade não significa, necessariamente, incapacidade de relacionar-se com outras identidades, ou abarcar toda a sociedade sob essa identidade. Mas as relações sociais são definidas interagindo entre si, com base nos atributos culturais que especificam a identidade. Embora aumentem a capacidade humana de organização e integração, ao mesmo tempo os sistemas de informação e a formação de redes subvertem o conceito ocidental tradicional de sujeito separado, independente:

> A mudança histórica das tecnologias mecânicas para as tecnologias da informação ajuda a subverter as noções de soberania e auto-suficiência que serviam de âncora ideológica à identidade individual desde que os filósofos gregos elaboraram o conceito, há mais de dois milênios. (Idem, Ibidem, p. 41).

Nesse sentido, a tecnologia está ajudando a desfazer a visão do mundo por ela promovida no passado. Quando a Rede desliga o Ser, este, individual ou coletivo, constrói seu significado sem a referência instrumental global: o processo de desconexão torna-se recíproco após a recusa, pelos excluídos, da lógica unilateral de dominação estrutural e exclusão social.

3.1.1 Paradigma da Tecnologia da Informação

O conceito de paradigma econômico e tecnológico, segundo Christopher Freeman apud CASTELLS (1999), ajuda a organizar a essência da transformação tecnológica atual à medida que ela interage com a economia e a sociedade, assim entendido:

> É um agrupamento de inovações técnicas, organizacionais e administrativas inter-relacionadas cujas vantagens devem ser descobertas, não apenas em uma nova gama de produtos e sistemas, mas, também e sobretudo, na dinâmica da estrutura dos custos relativos de todos os possíveis insumos para a produção. Em cada novo paradigma, um insumo específico ou conjunto de insumos pode ser descrito como o 'fator-chave' desse paradigma caracterizado pela queda dos custos relativos e pela disponibilidade universal. A mudança contemporânea de paradigma pode ser vista como uma transferência de uma tecnologia baseada, principalmente, em insumos baratos de energia para uma outra que se baseia predominantemente em insumos baratos de informação derivados do avanço da tecnologia em microeletrônica e telecomunicações. (grifo original). (FREEMAN apud CASTELLS, 1999, p. 77).

Em vez de apenas aperfeiçoar a definição de modo a incluir os processos sociais além da economia, Castells (1999, p. 79) afirma ser "útil destacar os aspectos centrais do paradigma da tecnologia da informação. No conjunto, esses aspectos representam a base material da sociedade da informação."

A primeira característica do novo paradigma é que a informação é sua matéria-prima: são tecnologias para agir sobre a informação, não apenas informação para agir sobre a tecnologia. O segundo aspecto refere-se à penetrabilidade dos efeitos das novas tecnologias.

A terceira característica refere-se à lógica de redes em qualquer sistema ou conjunto de relações, usando essas novas tecnologias da informação. A morfologia da rede parece estar bem-adaptada à crescente complexidade de interação e aos modelos imprevisíveis do desenvolvimento derivado do poder criativo dessa interação.

4 O PAPEL CENTRAL DA INFORMAÇÃO E DO CONHECIMENTO NO EMERGENTE PADRÃO SÓCIO-TÉCNICO-ECONÔMICO

É relevante considerar que, quando ocorrem problemas de transição de um sistema produtivo, também são grandes as dificuldades do sistema econômico, institucional, legal e social em adaptar-se. Tais dificuldades são consideradas tão importantes e radicais quanto as próprias inovações técnicas em que se baseiam. Mostra-se particularmente importante que diferentes segmentos das distintas sociedades conheçam e possam participar da decisão de quais caminhos trilhar, uma vez que possivelmente encontra-se em gestão o estilo dominante por uma fase inteira de crescimento e desenvolvimento econômico.

Tigre apud Passos; Lemos; Cocco et al (1999) argumenta que:

> Mais cedo ou mais tarde, a teoria procura se adaptar à realidade dos padrões de competição dominantes, das características das tecnologias e da organização da produção. (Mas), em geral, observa-se uma considerável defasagem entre realidade e apropriação teórica. (TIGRE apud PASSOS; LEMOS; COCCO et al, 1999, p. 54).

Nesse sentido, essas contribuições teórico-conceituais, que na área de economia, auxiliam o entendimento das transformações em curso, destacam o papel estratégico de três conceitos: informação, conhecimento e aprendizado. A relação entre os três conceitos é forte: conforme Passos; Lemos; Cocco, et al (1999, p. 55): "os processos de aprendizado, em suas várias instâncias, resultam na acumulação de conhecimentos; estes sustentam teoricamente os avanços científicos, técnicos e organizacionais que, codificados em vários formatos informacionais, introduzem inovações que irão continuamente transformar o sistema econômico."

O modo como o mundo está evoluindo, aponta para um lugar cada vez mais interdependente. As organizações são cada vez mais interdependentes.

A tecnologia da informação é fantástica, no sentido de que todos sabem mais sobre o que está acontecendo. Todavia, sabe-se que ela também interliga mais uma organização, e hoje as pessoas estão agindo com base em pedaços de informação de que não dispunham no passado.

5 NOVOS MODELOS DE GESTÃO E AS INFORMAÇÕES

O eixo central da mudança nas empresas reside na mobilização da cooperação proativa dos seus colaboradores. É sob esta perspectiva que a questão das informações no interior das empresas ganha uma dimensão que transcende os seus aspectos estritamente técnicos, de resto já extremamente importantes, para ganhar também uma função mobilizadora daquela cooperação. Esse esforço de difusão das informações, além do seu componente democratizante e de bem-estar conseqüente, é crucial para o desempenho dos processos produtivos.

Mas a questão das informações não se restringe a esses usos internalizados, pois como as empresas atuam em um mercado com outros concorrentes, a inteligência informacional é elemento crucial para o estabelecimento de suas estratégias defensiva e ofensiva que objetivam crescer e se perenizar. Além disso, as empresas fazem parte do sistema produtivo, e a sua competitividade depende sistematicamente da performance dos demais agentes – outras empresas, organismos públicos, não-governamentais e dos cidadãos – cujas mobilizações, estabelecimento e acessibilidade de bases de dados genéricos são também essenciais para o desempenho conjunto da sociedade.

Portanto, segundo Mckenney (1998), as empresas caracterizam-se como unidades sócio-técnicas de produção, sendo:

> Sócio, referidas ao conjunto das relações sociais estabelecidas entre os seres humanos intra-empresa, bem como às relações estabelecidas com os agentes econômicos externos, os fornecedores, clientes e outros; Técnicas, referidas ao conjunto de saberes, codificados ou não, que conduzem os seres humanos a agir e mobilizar os equipamentos, materiais, em processos produtivos de bens e serviços em atenção a uma clientela pagante. (MCKENNEY, 1998, p. 59).

A intensidade e velocidade das mudanças nessas duas variáveis seguem ritmos e temporalidade específicos. A grande maioria dos analistas concorda que estamos na fase de constituição de um novo paradigma produtivo que emerge da junção e dos impressionantes efeitos cruzados, dos novos modelos de gestão e do tecnológico. Prevê-se uma extrema dificuldade de sobrevivência das unidades produtivas que não realizarem o esforço de se recomporem segundo esses novos modelos.

5.1 A QUESTÃO DAS INFORMAÇÕES EM FACE DOS NOVOS MODELOS DE GESTÃO

Apesar do desconhecimento dos modelos de gestão de alta *performance*, parece inevitável que, cedo ou tarde, a maioria das empresas brasileiras discuta com seriedade e adote tais modelos. Isto porque os ventos da concorrência estão a demonstrar a extrema fragilidade das mesmas.

E, dado que as condições de competitividade têm uma natureza sistêmica, maior sendo o número das que já operam sob o novo modelo, maior tenderá a ser o número das que sobreviverão e terão a chance de expandir-se e tornar-se duradouras.

A adoção dos modelos de gestão de alta *performance* no Brasil exigirá verdadeira revolução, tanto nas formas como estão hoje estabelecidas as relações entre capital e trabalho (cuja análise escapa ao tema dessas reflexões), como nas profundas alterações sobre o tipo de bases de informações requeridas para viabilizar essa nova forma de gestão.

6 CONCLUSÃO

Esse estudo sobre os avanços da tecnologia de informação na sociedade contemporânea, o novo papel e a importância da informação, do aprendizado e de modelos de gestão, leva a uma conclusão abrangente: como tendência histórica, as funções e os processos dominantes na era da informação estão cada vez mais organizados em torno de redes. Redes constituem a nova morfologia social de nossas sociedades, e a difusão da lógica de redes modifica de forma substancial a operação e os resultados dos processos produtivos e de experiência, poder e cultura. Embora a forma de organização social em redes tenha existido em outros tempos e espaços, o novo paradigma da tecnologia da informação fornece a base material para sua expansão penetrante em toda a estrutura social. Portanto, as observações e análises apresentadas no trabalho parecem indicar que a nova economia está organizada em torno de redes globais de capital, gerenciamento e informação cujo acesso a *know-how* tecnológico é importantíssimo para a produtividade e competitividade. Contudo, essa evolução para as formas de gerenciamento e produção em rede não implica o fim do capitalismo.

Nesse sentido, é relevante fazer uma breve exposição das atuais características da inovação que salientam: a) a sua importância para o sucesso de empresas e países; b) a necessidade de intenso investimento em conhecimento, entendido este como o principal recurso do atual paradigma, gerado e absorvido particularmente por indivíduos; c) a relevância fundamental para sua geração de um processo de aprendizado interativo; d) que é localizado em agentes e ambientes específicos; e) os novos formatos organizacionais que facilitam esse aprendizado.

As novas tecnologias de informação estão mudando radicalmente nossas vidas, quebrando velhos paradigmas, transformando as relações pessoais em comunidades virtuais. Tudo isso requer, por parte de quem administra um negócio, altas doses de disponibilidade, vontade e interesse em se atualizar sobre o que há de mais avançado em se tratando de tecnologia – seria revolucionar suas organizações por meio de um redesenho dos processos de gestão e de negócios dentro de um contexto dos fatores críticos de sucesso para aplicar a tecnologia da informação eficazmente, como abordado no trabalho.

REFERÊNCIAS BIBLIOGRÁFICAS

CASTELLS, Manuel. **A sociedade em rede**: a era da informação – economia, sociedade e cultura. Prefácio de Fernando Henrique Cardoso. Trad. Roneide Venanci Majer com a colab. de Klauss Brandini Gerhardt. Vol. I. 2. ed. São Paulo: Paz e Terra, 1999.

MACHADO, Rosa Teresa Moreira; ANTONIALLI, Luiz Marcelo; SILVA, Andréa Lago da; et al. Organizado por Jacques Marcovitch. **Tecnologia da informação e estratégia empresarial**. 2. ed. São Paulo: FEA/USP, 1996.

MCKENNEY, James L. & PRESS, Harvard Business School. **Ondas de transformações**: a evolução das empresas através da tecnologia da informação. Trad. Luiz Liske. Rio de Janeiro: Qualitymark, 1998.

PASSOS, Carlos Artur Krüger; LEMOS, Cristina; COCCO, Giuseppe; et. al. Organizado por Helena M. M. Lastres e Sarita Albagli. **Informação e globalização na era do conhecimento**. Rio de Janeiro: Campus, 1999.

3.9 Artigo Relatório

3.9.1 Conceito

Tem a mesma finalidade e características gerais do artigo científico. Como os relatórios em geral, o artigo-relatório resulta da intenção de publicar resultados de pesquisa de campo ou de laboratório, tratando-se do relato de resultados ou progressos alcançados em uma pesquisa.

A definição de Relatório, segundo Silveira Bueno (2004, p. 667), "s. m. Exposição escrita ou oral; exposição minuciosa de fatos de uma administração ou de uma sociedade".

O formato sugerido para o artigo-relatório deve incluir:
- ✓ Título, subtítulo;
- ✓ Autor(es);
- ✓ Sinopse ou resumo;
- ✓ Crédito do(s) autor(es);
- ✓ Introdução;
- ✓ Corpo do Relatório;
- ✓ Conclusão;
- ✓ Referências.

3.10 Comunicação Científica ou *Paper*

3.10.1 Conceito

A comunicação científica define-se como a informação que se apresenta em congressos, simpósios, reuniões, academias e sociedade científica.

Contém, em média, entre 2 e 10 páginas, estruturadas no modelo de artigo científico ou artigo-relatório, para posterior publicação em atas e anais dos eventos científicos em que foram apresentados. Embora contenha a mesma estrutura intelectual dos artigos (introdução, corpo e conclusão), não apresenta subdivisões; é um texto unitário.

3.11 Informe Científico

3.11.1 Conceito

Caracteriza-se como relato escrito que divulga os resultados parciais ou totais de uma pesquisa. É o mais breve dos trabalhos científicos, pois se restringe à descrição dos resultados alcançados pela pesquisa. Deve ser escrito de forma que possa ser compreendido e as experiências repetidas, se for de interesse do investigador. Mantém a estrutura intelectual e gráfica dos artigos científicos e artigos de relatório, em relação aos elementos necessários à informação que se quer transmitir. Trata-se de um texto sintético, estruturado em forma de artigo científico.

3.11.2 Elaboração de Informe Científico

Aconselha-se o seguinte formato gráfico:
- ✓ Título, subtítulo;
- ✓ Período de realização da investigação;
- ✓ Autor(es);
- ✓ Credenciais do(s) autor(es);
- ✓ Sinopse;
- ✓ Introdução;
- ✓ Corpo;
- ✓ Conclusão;
- ✓ Referências.

3.12 Ensaio Científico

3.12.1 Conceito

Ensaio é o texto científico que desenvolve uma proposta pessoal do autor sobre um determinado assunto. Apesar de pressupor conhecimentos advindos do meio científico comum, esse texto busca expressar a visão do autor, que mostra independência quanto ao pensamento comum com relação ao assunto. O valor científico do ensaio depende do respeito da comunidade científica pela autoridade e pelo notório saber do ensaísta. Conforme Silveira Bueno (2004, p. 297), "s. m. Experiência; treinamento; prova; dissertação sobre determinado assunto, mais curta do que um tratado." Estrutura e apresentação gráfica idênticas à estrutura da monografia ou do artigo científico.

3.13 Relatório de Estágio Supervisionado

3.13.1 Conceito

Definição, segundo Silveira Bueno (2004, p. 667), "s. m. Exposição escrita ou oral; exposição minuciosa de fatos de uma administração ou de uma sociedade."

3.13.2 Modelo de Relatório de Estágio Supervisionado Pronto

DUNAS – CENTRO UNIVERSITÁRIO DE CIÊNCIAS GERENCIAIS APLICADAS
CURSO DE ADMINISTRAÇÃO

ALUNO CONCLUDENTE

A INSTRUMENTALIDADE DAS DEMONSTRAÇÕES FINANCEIRAS PROJETADAS NA EFICÁCIA DA ADMINISTRAÇÃO FINANCEIRA

Vitória
2005

ALUNO CONCLUDENTE

A INSTRUMENTALIDADE DAS DEMONSTRAÇÕES FINANCEIRAS PROJETADAS NA EFICÁCIA DA ADMINISTRAÇÃO FINANCEIRA

Relatório Final de Estágio Supervisionado apresentado ao Programa de Estágio Supervisionado II Curricular do Curso de Administração com Habilitação em Negócios Internacionais da DUNAS – Centro Universitário de Ciências Gerenciais Aplicadas.

Orientador: Prof. Dr. Exigente da Silva

Vitória
2005

ALUNO CONCLUDENTE

A INSTRUMENTALIDADE DAS DEMONSTRAÇÕES FINANCEIRAS PROJETADAS NA EFICÁCIA DA ADMINISTRAÇÃO FINANCEIRA

> Relatório Final de Estágio Supervisionado apresentado ao Programa de Estágio Supervisionado Curricular do Curso de Administração da DUNAS – Centro Universitário de Ciências Gerenciais Aplicadas como requisito para obtenção de créditos na disciplina Estágio Supervisionado III.
>
> Aprovado em 4 de junho de 2006.

COMISSÃO EXAMINADORA

―――――――――――――――――――――
Prof. Dr. Exigente da Silva
DUNAS – Centro Universitário de Ciências Gerenciais Aplicadas
Orientador

―――――――――――――――――――――
Prof. Ms. Cobrador Implacável
DUNAS – Centro Universitário de Ciências Gerenciais Aplicadas
Coordenador Estágio Supervisionado

―――――――――――――――――――――
Prof. Observador de Detalhes

SUMÁRIO

1	INTRODUÇÃO	4
2	OBJETIVOS	5
2.1	OBJETIVO GERAL	5
2.2	OBJETIVOS ESPECÍFICOS	5
3	A EMPRESA E O CONTROLE DE FLUXO DE CAIXA	6
3.1	ATIVIDADES DESENVOLVIDAS	7
3.2	SITUAÇÕES VIVENCIADAS	7
3.3	RECOMENDAÇÕES PARA A EMPRESA	8
3.4	RECOMENDAÇÕES PARA O CURSO	8
4	JUSTIFICATIVA	9
5	REFERENCIAL TEÓRICO	10
6	METODOLOGIA DA PESQUISA	13
6.1	TIPO DA PESQUISA	13
6.2	POPULAÇÃO E AMOSTRA	13
6.3	COLETA DE DADOS	13
7	CONCLUSÃO	14
8	REFERÊNCIAS	15

Faculdade de Vitória
Coordenador Curso Administração

1 INTRODUÇÃO

Este trabalho foi elaborado de maneira que possa relatar de forma clara e objetiva o aprendizado assimilado nesse período e a correlação da teoria aprendida no ambiente acadêmico e a prática observada no ambiente organizacional.

A empresa que proporcionou o estágio foi a EMPRESA – Clínicas Médica e Psicológica Reunidas, situada na Rua Cristóvão, nº 9999, bairro Colombo, Vila Velha, ES.

Os supervisores de estágio foram a Sra. Dra. Médica e o Sr. Dr. Médico.

O estágio ocorreu durante o período de fevereiro a junho de 2005, totalizando 350 (trezentas e cinqüenta) horas.

O Setor da empresa no qual estagiei foi o Financeiro.

2 OBJETIVOS

2.1 OBJETIVO GERAL

– apresentar o Relatório Final de Estágio Supervisionado, assim como as situações vivenciadas na prática do dia-a-dia da empresa, sugestões de adaptações e melhorias, e análise e conclusões finais a respeito da experiência.

2.2 OBJETIVOS ESPECÍFICOS

– relatar as situações vivenciadas durante o período do Estágio Supervisionado na EMPRESA;
– apresentar um resumo das principais situações ocorridas durante o período;
– propor adaptações no sentido de melhorar o sistema de Controle de Custos (Fluxo de Caixa) da empresa;
– apresentar conclusões sobre a experiência adquirida.

3 A Empresa e o Controle de Fluxo de Caixa

A empresa onde foi realizado o estágio é uma das prestadoras de serviços médicos e psicológicos para candidatos a exame de obtenção e renovação de Carteira Nacional de Habilitação (CNH), assim como troca de categoria e outras providências envolvendo o Departamento Estadual de Trânsito (DETRAN/ES).

A matriz da empresa está localizada no município de Vila Velha (local do estágio), possuindo, ainda, 3 filiais nos municípios de Cariacica, Serra e Vitória, sendo o controle centralizado na sede.

Com 4 anos de tradição, a empresa recebe diariamente uma média de 40 candidatos a exames na sede, os quais são indicados por Centros de Formação de Condutores (CFCs) (antigas Auto-Escolas), através de sorteio realizado pelo Detran, além de candidatos de origem espontânea.

Os exames médico e psicológico são realizados para avaliar a capacidade do candidato a condutor de veículos automotores a receber a CNH, para que não venham a representar riscos à segurança do trânsito e da população de pedestres.

O quadro de funcionários atual da sede é composto de 12 pessoas, sendo 2 diretores, 2 médicos, 2 psicólogos, 1 gestor financeiro, 1 administrador, 2 atendentes, 1 segurança e 1 auxiliar de serviços gerais.

O horário de funcionamento da EMPRESA é de 08:00 às 17:00 horas, diariamente, de segunda a sexta-feira.

3.1 ATIVIDADES DESENVOLVIDAS

Durante o período de fevereiro a junho de 2005 foram desenvolvidas as seguintes atividades na EMPRESA, Setor Financeiro:
1. Contas a Pagar e a Receber;
2. Folha de Pagamento;
3. Balancetes Mensais e Consolidação;
4. Compras;
5. Gestão Financeira.

3.2 SITUAÇÕES VIVENCIADAS

Durante o período de 01/02/05 a 30/06/05, vivenciei as seguintes situações que gostaria de destacar pelo aprendizado que adquiri na EMPRESA, no Setor Financeiro:
- observei que o controle financeiro era realizado de modo precário;
- não havia um controle preciso de Contas a Receber;
- não havia rotinas administrativo-financeiras definidas;
- os investimentos que haviam sido feitos anteriormente não seguiam um Planejamento Estratégico.

3.3 RECOMENDAÇÕES PARA A EMPRESA

Algumas situações vivenciadas possibilitaram analisar a metodologia de trabalho adotada no Setor Financeiro da EMPRESA, e resultam nas seguintes sugestões de melhorias:
- implantação de um sistema de Controle de Contas a Pagar e Receber informatizado e treinamento de pessoal neste sistema;
- definição, junto à diretoria, de rotinas administrativo-financeiras concernentes à operação do negócio da EMPRESA;
- elaboração de uma proposta de Planejamento Estratégico com prazo futuro de metas até 2008.

3.4 RECOMENDAÇÕES PARA O CURSO

Houve também a análise dos conteúdos das disciplinas cursadas até o momento e sugestão de algumas modificações que considero úteis ao Curso.
Confrontando a realidade da empresa em que foi realizado o estágio, de pequeno porte, com o saber científico adquirido durante o Curso de Administração, percebi que a grade curricular não contempla estudos específicos sobre empresas de pequeno porte, sendo que este empresa constitui a maioria das geradoras de emprego e renda no Brasil. (SEBRAE/ES).

4 Justificativa

Este Relatório justifica-se pela necessidade de apresentação de uma síntese das experiências amealhadas durante a realização do referido estágio na EMPRESA, de forma a permitir aos Supervisores de Estágio e ao Coordenador uma avaliação sobre o nível de aproveitamento das informações teóricas recebidas na academia, associadas à prática no dia-a-dia da "realidade" empresarial.

5 Referencial Teórico

Trata-se a Administração do conjunto de ferramentas necessárias à condução de forma estratégica das variadas formas de negócios que ocorrem entre os homens, desde a troca de mercadorias até a prestação de serviços especializados;
A cada dia se torna mais evidente a necessidade das empresas buscarem, como condição vital para sua sobrevivência no mercado em que se inserem, otimizar esforços, reduzir custos, ampliar qualidade e agregar valor para seu consumidor final – o público.
Segundo dados do Instituto Brasileiro de Geografia e Estatística (IBGE, 2003), a maioria dos estabelecimentos industriais, comerciais e prestadores de serviços no Brasil é formada por micro e pequenas empresas, além de as atividades dos pequenos e médios empreendimentos corresponderem a cerca de 40% do Produto Interno Bruto (PIB).
No entender de Matias & Lopes Júnior (2002), a Administração Financeira nas Empresas de Pequeno Porte tem por objetivo mostrar a importância das pequenas empresas para a economia nacional, fornecendo dados e características das empresas de pequeno porte, identificando como elas administram sua área financeira e fornecendo ferramentas e metodologias para uma administração mais profissional.
Portanto, a administração das pequenas empresas reveste-se de vital importância para a economia nacional, refletindo diretamente na qualidade de vida das pessoas e na distribuição de riquezas e na criação de oportunidades de trabalho e promoção social.

Como o objetivo de toda empresa, em linhas gerais, é a conquista do lucro, nada mais lógico do que concentrar-se importância e esforços na área financeira, cujo correto controle viabiliza sua manutenção e progresso no mercado.

O desempenho financeiro das empresas está diretamente ligado à forma e qualidade do controle de seu fluxo de caixa, assim como a concepção, elaboração e acompanhamento de um Plano Estratégico de Investimentos a médio e longo prazos.

As micro e pequenas empresas, pela sua estrutura organizacional e também pela forma como são gerenciadas, são muito vulneráveis às mudanças do ambiente e, por isso, precisam desenvolver ferramentas gerenciais que possibilitem agilizar e aperfeiçoar o processo decisório.

Santana (1999) afirma que, se as Micro e Pequenas Empresas (MPE's) demoram para perceber o turbilhão que as assola e em adotar medidas gerenciais eficazes, perdem competitividade e acabam sendo devoradas pelos concorrentes.

Como ressaltam Walker et al (1978), o gerenciamento financeiro de pequenas empresas é fundamentalmente diferente do gerenciamento das grandes, simplesmente porque muitas práticas financeiras das grandes empresas não são necessárias para as pequenas.

A literatura financeira aponta como preocupações principais a disponibilidade e o custo de capital, que implicam na dificuldade de aumentar o capital da empresa e, também, dificuldades na obtenção de financiamento.

Na opinião de Martins (1998), a empresa deve criar riqueza e isso requer que as informações possibilitem aos executivos fazer julgamentos informados, tanto acerca de diagnósticos da situação quanto questionar a estratégia e as suposições da empresa sobre seu negócio.

6 METODOLOGIA DA PESQUISA

6.1 TIPO DA PESQUISA

A pesquisa que resultou neste Relatório Final de Estágio Supervisionado é a do tipo exploratória e revisão bibliográfica, que, segundo Vergara (2000, p. 47), a pesquisa é exploratória, porque "é realizada em área na qual há pouco conhecimento acumulado e sistematizado". Trata-se também de uma pesquisa bibliográfica porque "é um estudo sistematizado desenvolvido com base em material publicado [...]." (Idem).

6.2 POPULAÇÃO E AMOSTRA

A população da pesquisa compreendeu os diretores, funcionários e colaboradores da EMPRESA – Clínicas Médica e Psicológica Reunidas, cujo quadro compõe-se de 12 pessoas, limitando-se a amostra aos funcionários dessa empresa.

6.3 COLETA DE DADOS

A coleta de dados foi efetuada por meio do acesso às informações disponibilizadas na empresa.
Foram coletados dados pertinentes aos custos inerentes aos trabalhos realizados pela empresa, principalmente os números relativos ao Controle de Custos e Fluxo de Caixa.

7 CONCLUSÃO

Concluindo, o aprendizado que obtive neste estágio supervisionado foi que cada vez mais as organizações buscam o máximo de eficiência, visando extrair o máximo possível de lucratividade e retorno do capital investido, demandando que os profissionais oriundos das instituições de ensino estejam cada vez mais capacitados e dispostos a enfrentar, superar e adquirir conhecimentos práticos com os desafios que lhes são propostos.
Conclui-se, também, que a base científica adquirida na Faculdade, caso seja aliada à prática encontrada nos ambientes operacionais empresarias, pode resultar em benefícios e lucratividade.

8 REFERÊNCIAS

ALVIM, P.C.R. de C. O papel da informação no processo de capacitação tecnológica das micro e pequenas empresas. Brasília: **Revista Ciência da Informação**, v.27, n.1, p. 28-35, jan./abr. 1998.

GIBB, A.A. The small business challenge to management education. **Journal of European Industrial Training**, v.7, n.5, 1983. In: SANTANA, José. Disponível em: <http://www.empresario.com.br/artigos>. Acesso em: 20 maio 2005.

MARTINS, Roberto A. **Sistemas de Medição de Desempenho**: um modelo para estruturação do uso. (Tese de Doutorado). São Paulo: Escola Politécnica da USP, 1998.

MATIAS, Alberto Borges; LOPES JÚNIOR, Fábio. **Administração Financeira nas Empresas de Pequeno Porte**. São Paulo: Manole, 2002

SERVIÇO BRASILEIRO DE APOIO ÀS MICRO E PEQUENAS EMPRESAS – SEBRAE. **Avaliação de 1999 e perspectivas para o ano 2000**. Relatório de Sondagem. Março/00. **Dados estatísticos**. Disponível em: <www.biblioteca. sebrae.com.br/bte/bte.nsf/subarea2?OpenForm&AutoFramed&jmm=_ b8p4ksgaeg10l6>. Acesso em: 18 jun 2005.

UNIVERSIDADE FEDERAL DO ESPÍRITO SANTO. Biblioteca Central. **Normalização e apresentação de trabalhos científicos e acadêmicos**: guia para alunos, professores e pesquisadores da UFES / Universidade Federal do Espírito Santo. Vitória: A Biblioteca, 6. ed. rev. amp., 2002.

VERGARA, Sylvia C. **Projetos e Relatórios de Pesquisa em Administração**. 3 ed. São Paulo: Atlas, 2000.

WALKER, E.W. and PETTY II, J.W. Financial differences between large and small firms. Financial Management Association, 1978. In: SANTANA, José. Disponível em: <http://www.empresario.com.br/artigos>. Acesso em: 20 maio 2005.

3.14 Relatório Técnico-Científico

3.14.1 Conceito

Antes de escrever, reflita. Por que você deve escrever o relatório? Quais as ações que você pretende desencadear? Quem lerá o seu documento? A primeira frase do seu relatório deve levar o leitor a ler a segunda, senão o seu trabalho terá sido em vão. Procure redigir de forma clara, compreensível e o mais resumidamente possível. Desenvolva o texto com profundidade e espírito de investigação. Mostre que sua visão é abrangente e que você possui bom senso e criatividade. Antes de escrever, certifique-se de que dispõe de dados e fatos suficientes e bem apurados. Muitos relatórios ruins resultam de um esforço frustrado de preencher lacunas e esconder uma falha de exatidão.

3.14.2 Elaboração de Relatório Técnico-Científico

As partes essenciais de um relatório são:
- ✓ Introdução – descreve-se sua importância ou relevância (social, cientifica ou acadêmica);
- ✓ Referencial teórico – é o texto resultante de levantamento bibliográfico, de qualquer extensão, que indica ao leitor o tratamento científico atual do tema/problema;
- ✓ Metodologia – faz-se a descrição detalhada e rigorosa dos procedimentos de campo ou de laboratório utilizados;
- ✓ Apresentação dos resultados – são expostos os resultados obtidos e ordenados pelos objetivos da pesquisa;
- ✓ Análise dos resultados – é feita uma interpretação analítica dos dados obtidos, o Referencial Teórico, que posicionou o problema pesquisado, e o resultado a que se chegou;
- ✓ Sugestões/recomendações – são necessárias quando a pesquisa realizada visa a solução de um problema ou a necessidade imediata da resposta;
- ✓ Conclusão – conclui-se comparando esses dados ao objetivo geral de toda a pesquisa, estabelecendo-se o quanto foi conseguido em relação ao objetivo proposto.

3.15 Projeto Monográfico

3.15.1 Conceito

Antes da elaboração da monografia de conclusão do curso de graduação, pós-graduação etc., o aluno deve desenvolver um *projeto de monografia*, e, para tal, deve ter em mente um *assunto* sobre o qual deseja dissertar, assim como deve eleger um acompanhante, um professor/orientador, que aceitará as responsabilidades e atribuições descritas nas normas para elaboração de monografias da instituição.

O aluno, na busca da elaboração de sua monografia, passará por algumas fases: escolha do assunto, pesquisa bibliográfica, documentação, crítica, construção, redação.

Um *Projeto*, segundo Silveira Bueno (2004, p. 628) é: "s. m. Plano; intento; empreendimento; redação provisória de lei; esboço; (...)".

A escolha do *assunto* é o ponto de partida da investigação e, conseqüentemente, da própria monografia, é o objeto de pesquisa. É preciso escolhê-lo com acerto.

Deve ser um tema selecionado dentro das matérias que mais lhe interessam durante o curso e que atendam às suas inclinações e possibilidades. É um início de uma realização profissional. De qualquer maneira, só se pode esperar êxito quando o assunto é escolhido ou marcado de acordo com as tendências e aptidões do aluno. A escolha do assunto segue, naturalmente, dentro do processo de elaboração da monografia, a fase de pesquisa bibliográfica.

O aluno deverá, junto ao seu orientador, buscar a bibliografia que possa ser consultada (livros, revistas, artigos, trabalhos científicos etc.) para a elaboração de seu *Projeto de Monografia* e, conseqüentemente, da *Monografia*.

3.15.2 Elaboração de Projeto Monográfico

Projeto de Monografia:
- ✓ folha de rosto com dados gerais de identificação;
- ✓ termo de Compromisso do orientador;
- ✓ capítulo introdutório com a caracterização clara do problema a ser investigado, objetivos claramente definidos, delimitação do estudo e definição de termos, além de uma revisão preliminar da literatura;
- ✓ detalhamento da metodologia a ser utilizada;
- ✓ cronograma; e
- ✓ lista de referências.

Obs.: Interpretação variável, de acordo com a Instituição.

3.15.3 Modelo de Projeto Monográfico Pronto

DUNAS – CENTRO UNIVERSITÁRIO DE CIÊNCIAS GERENCIAIS APLICADAS

Aluna Número Um

Projeto de Monografia
A INFLUÊNCIA DA FAMÍLIA NA EDUCAÇÃO

VILA VELHA
2005

Tipos Usualmente Exigidos de Trabalhos Acadêmicos

Aluna Número Um

Projeto de Monografia
A INFLUÊNCIA DA FAMÍLIA NA EDUCAÇÃO

> Projeto de Monografia apresentado aos professores do Curso de Pedagogia da Dunas – Centro Universitário de Ciências Gerenciais Aplicadas, como requisito parcial para conclusão do 7º período.

VILA VELHA
2005

SUMÁRIO

1	**INTRODUÇÃO**	3
1.1	TEMA E PROBLEMA	3
2	**OBJETIVOS**	4
2.1	GERAL	4
2.2	ESPECÍFICOS	4
3	**JUSTIFICATIVA**	5
4	**METODOLOGIA**	6
4.1	TIPO DA PESQUISA	6
5	**CRONOGRAMA DE ATIVIDADES**	7
6	**EMBASAMENTO TEÓRICO**	8
7	**REFERÊNCIAS**	13

1 INTRODUÇÃO

O processo de socialização do indivíduo divide-se em socialização primária (de 0 a 7 anos) e secundária (de 7 anos em diante), sendo a socialização primária a fase mais importante desse processo. É a partir dos modelos de comportamento experimentados na célula familiar que o indivíduo interpretará a sociedade na qual estará inserido, no sentido completo de inserção, para toda a vida. (BERGER & LUCKMAN, 1985).

Portanto, juntamente com os demais responsáveis pela socialização (escola, trabalho, igreja etc.), a família pode ser definida como a referência inicial que permeará toda a formação do indivíduo, revestindo-se de crucial importância nessa formação.

Em segundo lugar, porém, de importância significativa nesse processo de socialização, a educação representa um papel diretamente ligado à conquista da independência socioeconômica e cultural, cuja importância está intrinsecamente relacionada à exploração das potencialidades e capacidades do ser humano, quando de sua constante inserção e adaptação social. Dessa forma, o binômio família X educação representa condição essencial para a obtenção dos recursos necessários, extremamente considerado, à própria sobrevivência do indivíduo e a perpetuação de sua prole.

1.1 TEMA E PROBLEMA

A partir do tema "A influência da família no processo de aprendizagem", e partindo do reconhecimento da importância dessa relação, a proposta deste projeto de monografia é a de efetuar levantamento bibliográfico a respeito da influência familiar no processo de aprendizagem, suas vantagens e desvantagens, assim como o atual estado científico desta discussão.

Com base nestas informações, pergunta-se:

Qual é a influência da família no processo de aprendizagem?

2 Objetivos

2.1 GERAL

Pesquisar, através da historicidade, a dimensão cognitiva e educativa, mais precisamente a influência da família sobre o processo, pretendendo ampliá-lo e influenciá-lo no desenvolvimento humano.

2.2 ESPECÍFICOS

- efetuar levantamento bibliográfico a respeito da influência da família no processo de aprendizagem escolar e seus reflexos;
- levantar histórico a respeito dos processos de aprendizagem antigos;
- sistematizar revisão bibliográfica sobre a evolução dos modelos de ensino familiar utilizados ao longo do tempo;
- avaliar a interação escola X família com vistas à troca de informações relevantes sobre a eficácia do processo de aprendizagem;

3 Justificativa

O presente projeto de monografia vem a ser apresentado tendo em vista a necessidade de verificar a atual situação da influência da família no processo de educação, assim como os reflexos da utilização de procedimentos para a realização da interação entre a escola e a célula familiar, posto que o processo educacional é um dos maiores responsáveis pelo sucesso do indivíduo quando de sua inserção na sociedade.

4 Metodologia

Neste tópico, são descritos os procedimentos metodológicos que se pretende utilizar para a confecção do trabalho monográfico, amparado por conceitos de autores diversos.

4.1 TIPO DA PESQUISA

O presente trabalho trata da proposta de estudo teórico-empírico exploratório, de cunho qualitativo, que, segundo Mattar (1997, p. 80), "visa prover o pesquisador de um maior conhecimento sobre o tema ou problema de pesquisa em perspectiva."

O método de amostragem foi definido como uma amostra não-probabilística, a qual, segundo Mattar (Idem, Ibidem, p. 266), "é aquela em que a seleção dos elementos da população para compor a amostra depende, ao menos em parte, do julgamento do pesquisador."

A pesquisa qualitativa não deve ser considerada como antagônica à pesquisa quantitativa. Na literatura é muito comum a apresentação da pesquisa qualitativa, seus métodos de coleta e análise dos dados como sendo os mais apropriados para a obtenção dos resultados.

Trata-se de revisão bibliográfica, que, no entender de RUIZ (1982),

> [...] é o conjunto dos livros escritos sobre determinado assunto ao longo da evolução da Humanidade. E a pesquisa bibliográfica consiste no exame desse manancial, para levantamento e análise do que se já produziu sobre determinado assunto que assumimos como tema de pesquisa científica. (RUIZ, 1982, p. 58).

5 CRONOGRAMA DE ATIVIDADES

Definição do tema	CRONOGRAMAS DE ATIVIDADES											
	2º SEMESTRE – 2005						1º SEMESTRE – 2006				
	Jul.	Ago.	Set.	Out.	Nov.	Dez.	Jan.	Fev.	Mar.	Abr.	Maio	Jun
Referencial Teórico												
Elaboração do Projeto												
Leitura e fichamento												
Construção da Monografia												
Depósito da Monografia												
Defesa da Monografia												

6 Embasamento Teórico

O processo de aprendizagem (ensino), nos tempos atuais, é o grande responsável pelo sucesso dos indivíduos, visto que, através do conhecimento, torna-se possível aos componentes das classes sociais menos privilegiadas almejarem e conquistarem sucesso profissional e pessoal, destacando-se de seu grupo e atingindo reconhecimento e *status*, condição almejada por todos.

Nesse processo de aprendizagem, os educadores têm um papel fundamental, detentores que são dos recursos e meios que possibilitam a apropriação e a manipulação dos diversos saberes científicos que compõem o processo cultural como um todo.

Porém, a célula familiar também deve desempenhar papel extremamente relevante, na medida em que essa célula é a primeira referência de aprendizado à qual o indivíduo tem acesso.

Os possíveis conflitos decorrentes do choque entre os métodos familiares de ensino e os métodos científicos podem prejudicar o desempenho do indivíduo, caso não seja identificado e trabalhado de forma a somar esforços em torno de um ideal comum – qual seja, o aprendizado em si.

Dessa forma, a influência familiar é de relevância significativa em todo o processo de aprendizagem, durante toda a vida escolar do indivíduo, desde a pré-escola até o ensino superior, especializações, mestrado e doutorado etc.

Segundo BERGER & LUCKMAN (1985):

> Não é necessário acrescentar que a socialização primária implica mais do que o aprendizado cognoscitivo. Ocorre em circunstâncias carregadas de alto grau de emoção. [...] A criança identifica-se com os outros significativos [pai, mãe, irmãos – célula familiar] por uma multiplicidade de modos emocionais. [...] A criança absorve os papéis e as atitudes dos outros significativos, isto é, interioriza-os, tornando-os seus. (BERGER & LUCKMAN, 1985, p. 176).

Contudo, a influência familiar pode se revelar benéfica ou prejudicial, dependendo da inter-relação que exista entre a escola e a família, com vistas ao acompanhamento e à mensuração da eficácia do aprendizado, bem como as correções de direção necessárias para a otimização desta eficácia.

Significa dizer que não há que se pensar em aprendizado puramente escolar, sem levar em conta os reflexos do comportamento e das atitudes da família em relação ao indivíduo e ao seu papel e desempenho no âmbito educacional.

Historicamente, no século XVII, os saberes necessários para a vida adulta do indivíduo eram bem simples e podiam ser ministrados pelos membros de sua própria família. Mas o sistema de aprendizagem que mantinha a criança junto dos mais velhos não era suficiente para passar a ela valores morais, princípios éticos e padrões de comportamento. Era necessária a criação de uma instituição, onde a criança pudesse receber de profissionais competentes a educação e os conhecimentos que os pais não conseguiam passar aos filhos.

Por causa da divisão social de trabalho e a indisponibilização de tempo dos pais para darem aos filhos uma educação adequada, Comênio viu, na época, uma grande necessidade da criação de escolas de educação infantil.

As famílias aristocráticas do século XVI apresentavam ausência de vínculos afetivos, principalmente em relação aos filhos, sua constituição estava voltada para a hegemonia de poder, capital e preservação da linhagem. Nas famílias camponesas da mesma época, também não se apresentavam vínculos afetivos fortalecidos, deixando sua prole aos cuidados de amas ou de outras famílias, pois investiam todo tempo trabalhando no campo para a garantia de sua subsistência. Eram pobres, mas viviam com fartura.

As famílias camponesas organizavam-se na forma de aldeias constituídas por parentes e agregados, com estreita proximidade e com laços de dependência tão fortes, que a sobrevivência apenas no nível familiar não era possível. No início do século XVIII começa a delinear-se a família nuclear burguesa com o surgimento da escola, da privacidade e a preocupação de igualdade entre os filhos, a manutenção das crianças junto aos pais e o sentimento de valorização da família pelas instituições (principalmente pela igreja).

Com relação ao atual estado da participação da célula familiar no processo educacional, segundo dados do Jornal Folha de São Paulo (22/07/2004),

> À medida que o aluno avança nas séries, a influência familiar no desempenho escolar diminui. A constatação foi feita após o cruzamento das notas com o questionário socioeconômico do Saeb (Sistema Nacional de Avaliação da Educação Básica). Na 4ª série do Ensino Fundamental, os alunos cujos pais sempre estão atentos ao que ocorre na escola tiveram, em média, 17 pontos a mais na prova de língua portuguesa em relação àqueles que contam com pouca participação familiar (172,9 contra 156,3).
> [...]

[...]
Já na 8ª série do Ensino Fundamental, a variação positiva cai para 11 pontos (237 a 226) e para 10 (273 a 263) na 3ª série do Ensino Médio. Em relação ao dever de casa, os estudantes da 4ª série que disseram ter cobrança dos pais nesse aspecto tiveram uma média de 14 pontos a mais (159,6 a 173,9). Esse quesito não faz diferença entre os alunos da 8ª série e, na 3ª série do Ensino Médio, ocorre uma inversão. Quando os pais cobram, o desempenho é 12 pontos inferior (261 a 273) ao que nos casos em que não há essa necessidade. (JORNAL FOLHA DE SÃO PAULO, 22/07/2004).

7 Referências Bibliográficas

BERGER, Peter; LUCKMAN, James. **A construção social da realidade**. Petrópolis: Vozes, 1985.

JORNAL FOLHA DE SÃO PAULO. **Influência da família no desempenho escolar cai em série avançada.** Ed. 27/07/2004. Disponível em: http://www1.folha.uol.com.br/folha/educacao/ult305u15832.shtml. Acesso em: 18/3/05.

LOURENÇO FILHO, M. B. Modalidades de educação geral. **Revista Brasileira de Estudos Pedagógicos**. Rio de Janeiro: v. 1, n. 2, p. 219-225, ago. 1944. Disponível em: http://www.educacaoonline.pro.br/art_a_escola_renovada.asp?f_id_artigo=23. Acesso em: 15/03/05.

MATTAR, Fauze Nagib. **Pesquisa de marketing**: metodologia, planejamento. v. I. São Paulo: Atlas, 1997.

RUIZ, João Álvaro. **Metodologia científica**: guia para eficiência nos estudos. São Paulo: Atlas, 1982.

UNIVERSIDADE FEDERAL DO ESPÍRITO SANTO. Biblioteca Central. **Guia para normalização de referências**: NBR 6023: 2002. 2. ed. Vitória: A Biblioteca, 2002.

3.16 Monografia

3.16.1 Conceito

A monografia é uma exposição profunda de um assunto específico, sendo investigado cientificamente, buscando o entendimento científico sobre tal assunto. Este tipo de pesquisa possui geralmente três tipos de finalidade. A monografia, propriamente dita, que é exigida como requisito parcial para a conclusão de cursos de graduação. A memória, sendo uma espécie de monografia apresentada publicamente em congressos, simpósios, encontros, academias, sociedades científicas, e as suas normas são estabelecidas pela coordenação dessas reuniões e/ou entidades resultante de pesquisa científica e que contém a identificação, o posicionamento, o tratamento e o fechamento competentes de um tema/problema. A matéria-prima do raciocínio são os dados, que basicamente se constituem de axiomas científicos, da autoridade de autores consagrados, ilustrações, testemunhos e, até mesmo, da experiência pessoal coerente do pesquisador. Silveira Bueno (2004, p. 522) apresenta que monografia é: "s. f. Dissertação acerca de um ponto particular de uma ciência, arte etc."

São características da monografia a sistematicidade e completude, a unidade temática, a investigação pormenorizada e exaustiva dos fatos, a profundidade, a metodologia, a originalidade e a contribuição da pesquisa para a ciência.

A estrutura da monografia compreende a *Introdução*, que apresenta a importância do assunto ou a questão a ser solucionada; o *Corpo*, ou *Desenvolvimento*, que compreende os capítulos, explicação, discussão e demonstração. Finalmente, a *Conclusão* retoma as pré-conclusões anteriores expostas, reforçando a linha do pensamento que sustenta o texto.

Diferentemente da tese e da dissertação, a monografia não é defendida, e sim apresentada.

A origem histórica da palavra *monografia* vem da especificação, ou seja, a redução da abordagem a um só assunto, a um só problema. Seu sentido etimológico significa: *monos* (um só) e *graphein* (escrever): dissertação a respeito de um assunto único.

A monografia possui dois sentidos: O *estrito*, que se identifica com a tese: tratamento escrito de um tema específico que resulte de pesquisa científica com o escopo de apresentar uma contribuição relevante ou original e pessoal à ciência. E o sentido *lato*, que identifica com todo trabalho científico de primeira mão, que resulte de pesquisa: dissertações científicas, de mestrado, memórias científicas, as antigas exercitações e tesinas, os *college paper*s das universidades americanas, os informes científicos ou técnicos e, obviamente, a própria monografia no sentido acadêmico, ou seja, o tratamento escrito aprofundado de um só assunto, de maneira descritiva e analítica, onde a reflexão é a tônica (está entre o ensaio e a tese e nem sempre se origina de outro tipo de pesquisa que não seja a bibliográfica e a de documentação).

Quando a monografia no sentido amplo é realizada como trabalho de conclusão de curso de graduação ou *lato sensu*, denomina-se, no sentido estrito, Monografia propriamente dita. Quando a monografia no sentido amplo é realizada como trabalho final de mestrado, denomina-se Dissertação. Quando a monografia no sentido amplo é realizada como trabalho final de doutorado ou livre docência, denomina-se Tese.

3.16.2 Monografia no sentido estrito (Para graduação e *lato sensu*)

É um estudo minucioso sobre um tema relativamente estrito. Não deve ser curto como um artigo e nem longo como uma dissertação ou tese. A monografia, normalmente, é um trabalho de final de curso, enquanto que a dissertação é defendida perante uma banca para obtenção do título de mestre; e a tese para obtenção do título de doutor. Então, o que é uma monografia? É a descrição, através de um texto com formato pré-definido, dos resultados obtidos em um estudo aprofundado de um assunto em alguma área, científica ou não. Os objetivos de uma monografia são esclarecer um determinado tema e propor formas de organizá-lo e analisá-lo.

Esse estudo normalmente se organiza em uma das seguintes formas:
- uma revisão bibliográfica abrangente de um determinado assunto;
- uma revisão bibliográfica complementada por um estudo de caso da aplicabilidade de uma técnica ou abordagem estudada;
- uma revisão bibliográfica associada à investigação de formas de solução de um determinado problema.

Não é necessário que uma monografia apresente resultados inéditos (como esperado em uma tese de doutorado, ou, em menor grau, em uma dissertação de mestrado). Os resultados estão mais associados à organização e análise comparativa e crítica das idéias em torno de um determinado assunto.

Dessa forma, uma revisão bibliográfica das obras mais importantes em uma determinada área é parte essencial da construção de uma monografia. O texto deve ser pensado como proporcionando ao leitor uma fonte de estudo em um assunto, fornecendo desde os conceitos fundamentais da área até uma visão mais aprofundada dos conteúdos que a compõem.

Uma monografia deve ser escrita em uma linguagem clara e objetiva. Um texto científico deve ser: objetivo; preciso; imparcial; claro, coerente e impessoal. Os verbos devem ser utilizados na terceira pessoa do singular, evitando-se usar na terceira pessoa do plural e nunca primeira pessoa. O texto deve ter uma seqüência lógica apresentando com precisão as idéias, as pesquisas, os dados, os resultados dos estudos, sem prolongar-se em questões de menor importância.

3.16.3 Introdução (Motivação) (Objetivo o que se Pretende Apresentar)

Apresenta uma introdução geral sobre o assunto do trabalho. Não é apenas uma descrição dos conteúdos das seções do texto. Deve resumir o assunto do trabalho e argumentar por que é importante, do ponto de vista da ciência em foco, estudar esse assunto. Pode ser discutida, brevemente, a abordagem do trabalho (análise? melhor definição da terminologia? comparação entre diferentes metodologias? avaliação da técnica em um caso real?).

3.16.4 Revisão do Estado da Arte

Apresentar as idéias centrais dos principais autores da área. As idéias são apresentadas apenas, mas não discutidas ou criticadas, o que será feito nas próximas seções. Não são incluídas as idéias ou experimentos do próprio autor da monografia.

Um ponto importante da revisão é a forma como ela é organizada, o que acaba sendo uma das maiores contribuições da monografia. É desejável que os trabalhos anteriores sejam descritos segundo uma mesma visão, proposta pelo autor da monografia e não pelo autor dos trabalhos revisados. A organização da revisão permite, posteriormente, realizar comparações e análises, levando a uma melhor compreensão do assunto. Uma revisão sobre linguagens de programação orientadas a objeto, por exemplo, pode organizar as linguagens cronologicamente, por características particulares (implementam herança múltipla ou não, são linguagens híbridas etc.), por serem comerciais ou acadêmicas, entre outras abordagens. Todos os trabalhos revisados devem estar associados à fonte de referência no texto, e essa referência deve estar incluída nas referências bibliográficas no final da monografia.

3.16.5 Análise

Nesta seção, são analisadas as abordagens e técnicas discutidas no capítulo anterior. Novamente os critérios de análise são importantes para apontar as principais vantagens ou falhas das técnicas analisadas, sua utilização potencial etc. Quanto mais dados objetivos forem utilizados na análise, melhor será (ao invés de descrever: *o sistema possui uma interface amigável*, descreva: *a interface foi analisada por 50 usuários, dos quais 60% mostraram-se satisfeitos, 35% parcialmente satisfeitos e 5% insatisfeitos com a interação*). Nesta seção, tem papel importante a organização das informações em tabelas ou figuras que são citadas e analisadas ao longo do texto. (Ou seja, não inclua figuras ou tabelas que não sejam analisadas ou citadas no texto).

3.16.6 Validação

Se a monografia aborda um estudo de caso, esta seção descreve os excelentes resultados de utilizar a técnica ou abordagem avaliada como a melhor na seção anterior. Pode também demonstrar porque utilizar outra abordagem não funcionaria ou não teria tão bons resultados. A seção deve ser farta em dados objetivos para demonstrar o que afirma no texto (menor número de linhas de código, maior satisfação do usuário, viabilidade de integração com outros sistemas etc.)

3.16.7 Conclusões

Basicamente, a Conclusão descreve 3 tópicos básicos: as conclusões; o sumário da contribuição do texto e estudos futuros. Conclusões não são um resumo do trabalho, mas das conclusões obtidas no estudo, apresentadas de forma objetiva e concisa: a linguagem X é melhor que a Y; a linguagem Z é mais adequada do que a J e assim por diante. Basicamente, repete, organiza e reforça os resultados da análise e avaliação descritos nas seções 3 e 4. A contribuição, se for incluída, pode descrever os critérios de análise e organização utilizados e como esses critérios auxiliaram a compreensão e organização do domínio. Os trabalhos futuros descrevem estudos que foram considerados interessantes após essa pesquisa inicial, mas que, por limitação de tempo ou interesse, não foram realizados nesse mesmo trabalho.

3.16.8 Referências

A lista de referências é estreitamente relacionada à revisão do estado da arte da seção 2. Deve também incluir os trabalhos de onde foram extraídos dados, figuras, tabelas, textos etc. Todas as referências citadas no texto devem ser incluídas na lista de referências. Por outro lado, a lista de referências não deve incluir trabalhos não citados no texto. Uma dica importante é: seja sistemático em anotar a fonte completa de todos os trabalhos consultados, mesmo aqueles que, a princípio, não parecem contribuir com seu trabalho. As informações que não podem faltar: nome de todos os autores, nome completo do trabalho e da obra onde se insere (por exemplo, um artigo em uma *Lecture Notes*, um capítulo em um livro), a data de publicação (com o mês, se forem periódicos), a editora, a cidade onde foi editado e as páginas iniciais e finais do artigo ou capítulo. Se o trabalho foi baixado da Internet, registre o endereço completo do *site* e a data da consulta. As referências devem ser listadas no texto final no formato ABNT 6023:2002.

3.16.9 Apêndices e Anexos

Os Apêndices e Anexos incluem todo o material que impede uma leitura rápida e compreensível do texto da monografia, mas que é necessário para dar suporte à sua análise e conclusões. Normalmente são materiais muito detalhados para serem incluídos no texto, como formalismos das linguagens, tabelas de resultados de teste, cópias de telas de programa etc.

3.16.10 Elaboração de Monografia

A documentação é a parte mais importante da monografia. Consiste em coligir o material que nos vai fornecer a solução do problema estudado, unir toda a bibliografia encontrada e elaborar a informação ao trabalho da pesquisa (poderá ser feito através de fichas). A crítica é um juízo de valor sobre determinado material científico. Pode ser externa e interna. Externa é a que se faz sobre o significado, a importância e o valor histórico de um documento, considerado em si mesmo e em função do trabalho que está sendo elaborado. Abrange a crítica do texto (saber se o texto não sofreu alterações com o tempo, por exemplo), a da autenticidade (autor, data e circunstâncias de composição de um escrito) e a da proveniência do documento (origem da obra).

Após o longo trabalho de documentação e crítica, o pesquisador terá diante de si, no mínimo, tríplice fichário de documentação (fontes, bibliografias e críticas pessoais). Ele irá construir, a partir desses dados, a Introdução, o Desenvolvimento e a Conclusão de sua monografia.

A monografia é um trabalho escrito. Desde a fase de sua construção, o trabalho monográfico vem sendo redigido. É uma das operações mais delicadas e difíceis para o pesquisador por ter que atentar para normas de documentação, requisitos de comunicação, de lógica e até de estilo.

Existe, devido à ansiedade, uma resistência do pesquisador em redigir, talvez por medo de que seu trabalho não seja compreendido ou aceito pelo público.

Recursos pra facilitar a tarefa de redigir:
   a) redação provisória: fazer primeiramente um esboço, rascunho, planejamento, a maquete;
   b) redação definitiva: consta das 3 partes da construção da monografia: Introdução, Desenvolvimento e Conclusão;
   c) estrutura material da monografia: a monografia deve agradar ao público e também o serviço de documentação (obedecer às normas técnicas elaboradas pela Associação Brasileira de Normas Técnicas);
   d) linguagem científica: existe a tendência em se descuidar da linguagem quando se redige um trabalho científico.

São necessários:
1) correção gramatical;
2) exposição clara, concisa, objetiva, condizente com a redação científica;
3) cuidado em se evitar períodos extensos;
4) preocupação em se redigir com simplicidade, evitando o colóquio excessivamente familiar e vulgar, a ironia causticante, os recursos retóricos;
5) linguagem direta;
6) precisão e rigor com o vocabulário técnico, sem cair no hermetismo.

3.16.11 Estrutura Material da Monografia

Apresentação da Monografia
A predisposição em realizar pesquisas nos centros de ensino superior se mostra, nos dias atuais, cada vez mais necessária. Ultimamente, um dos principais eixos de discussão sobre a qualidade do ensino superior é a garantia do tripé ensino-pesquisa-extensão como forma de possibilitar ao estudante, não apenas a mera transmissão de conhecimentos, mas, sobretudo, comprometê-lo com a intervenção e transformação da comunidade onde irá atuar.

3.16.12 Digitação da Monografia

Os trabalhos deverão ser digitados em folha de papel branco, tamanho 21cm X 29,7 cm e com gramatura de 90 g/m², de um lado só, na fonte Times New Roman ou Arial, estilo Normal e tamanho 12 para todo o texto. Em relação à capa, usar a mesma fonte e estilo, devendo alterar o seu tamanho de acordo com a sua disposição estética. A cor da capa deve ser definida pela biblioteca da instituição, de acordo com a área de conclusão de curso. O texto deverá ser impresso por computador em espaço 1,5 ou 2 linhas, devendo ser usado apenas um lado da folha de papel.

As margens devem ser de 3 cm nas margens superior e esquerda e de 2 cm nas margens inferior e direita (podendo variar de acordo com a instituição de ensino). As Tabelas, Quadros e Figuras devem conter um título objetivo e expressivo e sua numeração deve ser seqüencial, em algarismos arábicos, para facilitar a consulta, sempre que necessária.

As Ilustrações (Gráficos e Figuras) deverão constar, preferencialmente, na própria folha do texto. Essas ilustrações poderão ser dispostas na posição horizontal da página, caso necessário.

Quanto à numeração das Seções, as partes ou seções do texto devem ser numeradas em ordem progressiva, sendo que seus títulos devem ser impressos de forma a sobressair a hierarquia utilizada nas subdivisões. (ABNT, 1989). No tocante à numeração das páginas, são numeradas a partir da página de introdução, preferencialmente no canto superior direito da página, sempre a 2 cm da borda da folha e da primeira linha do texto. A Bibliografia deve ser citada dentro do tópico referente ao referencial teórico e no final do trabalho.

3.16.13 Modelos de Elementos Pré-Textuais de Monografia

Tipos Usualmente Exigidos de Trabalhos Acadêmicos **117**

Esta página (CAPA) não é contada e nem numerada.

3 cm

CENTRO UNIVERSITÁRIO MILÊNIO VELHO

2 cm

3 cm

Fonte: Arial ou Times New Roman, tamanho 12

JEFERSON JOSÉ CARDOSO FRANCO

Fonte: TÍTULO: Arial ou Times New Roman, tamanho 16
SUBTÍTULO: Arial ou Times New Roman, tamanho 14

**LEI DE RESPONSABILIDADE:
CONSIDERAÇÕES A RESPEITO DE SUA EFICÁCIA**

Título e subtítulo centralizados em relação à verticalidade da página.

Esta formatação de página é válida para todas as páginas Pré-Textuais: CAPA, FOLHA DE ROSTO; FOLHA DE APROVAÇÃO (Obrigatórios); DEDICATÓRIA; AGRADECIMENTOS; EPÍGRAFE (Opcionais); SUMÁRIO; LISTAS DE TABELAS, FIGURAS, QUADROS, GRÁFICOS (Caso haja, na ordem em que se apresentam no texto) e RESUMO (Obrigatório).

Fonte: Arial ou Times New Roman, tamanho 12

**VILA VELHA
2005**

2 cm

Esta página (FOLHA DE ROSTO) é contada; porém, não é numerada.

JEFERSON JOSÉ CARDOSO FRANCO

**LEI DE RESPONSABILIDADE:
CONSIDERAÇÕES A RESPEITO DE SUA EFICÁCIA**

Monografia apresentada ao Curso de Graduação em Direito da DUNAS – Centro Universitário de Ciências Gerenciais Aplicadas, como requisito parcial para obtenção do título de Bacharel em Direito.

Orientador: Prof². Marta de Andrade Bastos.

Texto justificado, espaçamento simples, tamanho da fonte 10, sem negrito, alinhado a partir do centro da página, em relação à horizontalidade.

**VILA VELHA
2005**

Esta página (FICHA CATALOGRÁFICA) é contada; porém, não é numerada.

FICHA CATALOGRÁFICA

Trata-se elemento pré-textual OPCIONAL, ou seja, não é obrigatório.

Guatura, Daniel Soares
G918u   Uso do biofertilizante na formação de mudas de maracujazeiros
(*Passiflora edulis*) / Daniel Soares Guatura. -- Jaboticabal, 2001
v, 35 f. ; 28 cm

Trabalho apresentado à Faculdade de Ciências Agrárias e
Veterinárias - UNESP, Câmpus de Jaboticabal para graduação em
Agronomia, 2001
    Orientador: João Antonio Galbiatti
    Banca examinadora: Jairo Augusto de Campos Araújo, Maurício
José Borges
    Bibliografia

1. Biofertilizante. 2. Irrigação. 3. Maracujá. I. Título. II.
Jaboticabal-Faculdade de Ciências Agrárias e Veterinárias.

CDU 631.86:634.77

Ficha catalográfica elaborada pela Seção Técnica de Aquisição e Tratamento da Informação – Serviço Técnico de Biblioteca e Documentação - UNESP, Câmpus de Jaboticabal.

Situa-se no verso da folha de aprovação.

120 Como Elaborar Trabalhos Acadêmicos

Esta página (FOLHA DE APROVAÇÃO) é contada; porém, não é numerada.

LEI DE RESPONSABILIDADE:
CONSIDERAÇÕES A RESPEITO DE SUA EFICÁCIA

Monografia apresentada ao Curso de Graduação em Direito do Centro Universitário Milênio Velho, como requisito parcial para obtenção do título de Bacharel em Direito.

Aprovada em 09 de Agosto de 2005.

BANCA EXAMINADORA

Prof³. Esp. Marta de Andrade Bastos
Centro Universitário Milênio Velho
Orientador

Prof. Esp. Lindauro Augusto Fontes
Centro Universitário Milênio Velho

Prof³. Ms. Renata Fernandes Silva
Centro Universitário Milênio Velho

Obrigatório acrescentar os títulos dos componentes da Banca Examinadora (Mestre, Dr. etc.).

Caso o componente da Banca Examinadora seja de outra instituição, deve-se identificá-la em seguida ao seu título e nome.

Tipos Usualmente Exigidos de Trabalhos Acadêmicos **121**

Esta página (DEDICATÓRIA) é contada; porém, não é numerada.

DEDICATÓRIA

Trata-se elemento pré-textual OPCIONAL, ou seja, não é obrigatório.

Texto justificado, espaçamento simples, tipo da fonte igual ao que está sendo utilizado em todo o trabalho, tamanho da fonte 12, sem negrito, alinhado a partir do centro da página, em relação à horizontalidade.

Dedico este trabalho acadêmico a todos que me auxiliaram a conquistar este título, impulsionador de meu crescimento intelectual, cultural, profissional e pessoal.

Esta página (AGRADECIMENTOS) é contada; porém, não é numerada.

AGRADECIMENTOS

Trata-se elemento pré-textual OPCIONAL, ou seja, não é obrigatório.

Agradeço esta conquista, em primeiro plano, a Deus, que me possibilitou as condições necessárias para alçar mais este degrau em direção ao sucesso.

Aos meus pais, pelo apoio incondicional.

Aos meus familiares, pela solidariedade, amor e amizade.

Aos professores, funcionários e colegas de Curso do Centro Universitário Milênio Velho.

Aos colegas de trabalho, pelo incentivo e palavras de estímulo.

Muito obrigado!

Texto centralizado, espaçamento 1,5 linha, tipo da fonte igual ao que está sendo utilizado em todo o trabalho, tamanho da fonte 12, sem negrito.

Tipos Usualmente Exigidos de Trabalhos Acadêmicos **123**

Esta página (EPÍGRAFE) é contada; porém, não é numerada.

EPÍGRAFE

Trata-se elemento pré-textual OPCIONAL, ou seja, não é obrigatório.

"O único lugar aonde o sucesso vem antes do trabalho é o dicionário".

Albert Einstein.

(1879-1955).

Texto centralizado, espaçamento 1,5 linha, tipo da fonte igual ao que está sendo utilizado em todo o trabalho, tamanho da fonte 12, sem negrito.

Esta página (LISTA DE SIGLAS E ABREVIATURAS) é contada; porém, não é numerada.

LISTA DE SIGLAS E ABREVIATURAS

ABEB - Associação Beneficente dos Empregados da Belgo
ABRINQ - Associação Brasileira dos Fabricantes de Brinquedos
ADCE - Associação dos Dirigentes Cristãos de Empresas
ARBED.- *Aciéries Réunies de Burbach-Eich-Dudelange*
Banespa - Banco do Estado de São Paulo S/A.
BSR - Business for Social Responsability
CMTC - Companhia Municipal de Transportes Coletivos
CNPJ - Cadastro Nacional das Pessoas Jurídicas
CODIMEC - Comitê de Divulgação do Mercado de Capitais
COM - Comissão das Comunidades Européias
CST - Companhia Siderúrgica de Tubarão
EUA - Estados Unidos da América
FHEMIG - Fundação Hospitalar do Estado de Minas Gerais
IBASE - Instituto Brasileiro de Análises Sociais e Econômicas
ISO - International Organization for Standardization
OIT - Organização Internacional do Trabalho
ONG's - Organizações não governamentais
ONU - Organização das Nações Unidas
RH - Recursos Humanos
S.A. - Sociedade Anônima
Telebrás – Empresa Brasileira de Telefonia

Trata-se elemento pré-textual OPCIONAL, ou seja, não é obrigatório, desde que no desenvolvimento do texto as siglas e abreviaturas sejam acrescentadas imediatamente após o texto (Ex.: Associação Brasileira de Normas Técnicas – ABNT), pelo menos na primeira vez em que aparece no texto, sendo permitido referir-se apenas à sigla, posteriormente.

Texto justificado, espaçamento 1,5 linha, ordem alfabética crescente, tipo da fonte igual ao que está sendo utilizado em todo o trabalho, tamanho da fonte 12, sem negrito.

Tipos Usualmente Exigidos de Trabalhos Acadêmicos **125**

Esta página (LISTA DE QUADROS) é contada; porém, não é numerada.

LISTA DE QUADROS

Quadro 1 - Níveis de responsabilidade social.. 21
Quadro 2 - Atuação das Empresas em Responsabilidade Social............... 23
Quadro 3 - Alternativas de estratégias em Responsabilidade...................... 24
Quadro 4 - Os números - principais dados.. 27

Trata-se elemento pré-textual OBRIGATÓRIO, caso existam quadros no texto.

Texto centralizado, espaçamento de linha simples, tipo da fonte igual ao que está sendo utilizado em todo o trabalho, tamanho da fonte 12, sem negrito.

A mesma formatação e disposição deverão ser observadas para o caso de TABELAS, FIGURAS e GRÁFICOS, caso existam no desenvolvimento do texto.

Esta página (RESUMO) é contada; porém, não é numerada.

RESUMO

Trata o presente trabalho de levantamento bibliográfico aliado a estudo de caso de aplicação de recursos empresariais em ações sociais, sob a égide da Responsabilidade social empresarial. O estudo de caso apresenta as ações sociais e seus reflexos em uma empresa de siderurgia brasileira, sediada no estado do Espírito Santo, cuja empresa desenvolve projetos visando a melhoria das condições dos públicos interno e externo, notadamente em relação às comunidades localizadas no entorno de suas atividades industriais. A partir de um referencial teórico sobre os conceitos envolvidos, onde são abordados conceitos de Responsabilidade Social e sua origem, assim como da prática organizacional quando da implantação dos projetos sociais, entre outros conceitos correlatos. A pesquisa teve caráter de revisão bibliográfica aliada a estudo de caso, com a obtenção dos dados levantados durante o período compreendido entre os anos de 2003 a 2005, junto às diretorias das empresas objeto do estudo, tabulando-se as informações com a utilização de planilhas eletrônicas informatizadas, cujos dados forneceram subsídios para a conclusão. No tópico 3 é apresentado o estudo de caso da Empresa e sua respectiva análise. No tópico 4 é apresentada a conclusão, seguida das referências bibliográficas utilizadas para compor o marco teórico.

Palavras-chave: Responsabilidade; Sustentabilidade; Ações.

Trata-se elemento pré-textual OBRIGATÓRIO.

Texto justificado, espaçamento de linha simples, tipo da fonte igual ao que está sendo utilizado em todo o trabalho, tamanho da fonte 11, sem negrito (exceto Palavras-chave).

Deve conter uma sinopse dos pontos importantes do trabalho, num total entre 250 e 500 palavras (utilize o recurso do Word "Ferramentas" Contar palavras" para verificar a quantidade).

Tipos Usualmente Exigidos de Trabalhos Acadêmicos

Esta página (SUMÁRIO) é contada; porém, não é numerada.

Trata-se elemento pré-textual OBRIGATÓRIO.

SUMÁRIO

1 INTRODUÇÃO	10
1.1 OBJETIVOS	14
1.1.1 Objetivo Geral	14
1.1.1.1 Esclarecimentos adicionais sobre o trabalho	14
1.2 JUSTIFICATIVA	15
1.3 METODOLOGIA	15
1.3.1 Tipo da pesquisa	15
1.4 ESTRUTURA DO TRABALHO	16
2 O HISTÓRICO DA RESPONSABILIDADE SOCIAL	17
2.1 EVOLUÇÃO DO CONCEITO	17
2.1.1 Definição de Responsabilidade – Constituição de 1988	19
2.2 AS DIMENSÕES	22
2.3 ESTRATÉGIA DE ATUAÇÃO DAS EMPRESAS	24
2.3.1 Responsabilidade social nos dias atuais	24
3 ESTUDO DE CASO EMPRESA	41
3.1 HISTÓRICO DA EMPRESA	41
3.1.1 A empresa no mercado global	43
3.2 RESPONSABILIDADE SOCIAL NO GRUPO	49
3.2.1 Fundação	49
3.3 INVESTIMENTO DAS EMPRESAS EM ESTUDO	53
3.3.1 Orçamento	53
4 CONCLUSÃO	63
5 REFERÊNCIAS	67
6 ANEXOS	70

Texto justificado, com a complementação por pontos do final do texto até o final da

Números de páginas centralizados.

Texto justificado, espaçamento de linha simples, tipo da fonte igual ao que está sendo utilizado em todo o trabalho, ou seja, se o título ou o sub-título está em negrito no corpo do trabalho, também deverá ser grafado em negrito no Sumário; caso o título ou sub-título esteja grafado sem negrito no corpo do trabalho, também deverá ser grafado sem negrito no Sumário; tamanho da fonte 12.

SEÇÃO PRIMÁRIA – Maiúsculas, negrito, corpo 12;
SEÇÃO SECUNDÁRIA - Maiúsculas, simples, corpo 12;
Seção Terciária – Maiúsculas e minúsculas, negrito, corpo 12;
Seção Quaternária - Minúsculas, simples, corpo 12;

1 TÍTULO UM	95
1.1 SUBTÍTULO DOIS	96
1.1.1 Subtítulo Três	97
1.1.1.1 Subtítulo quatro	98

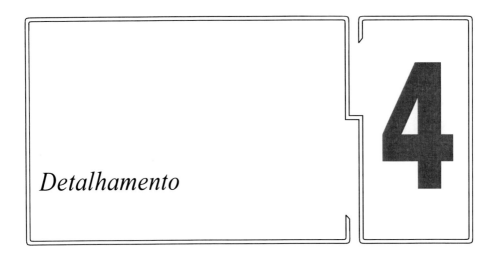

4.1 Notas de Rodapé

4.1.1 Para que Servem as Notas de Rodapé

As notas servem para indicar as fontes das citações. Se a fonte tivesse de ser indicada no próprio texto, a leitura da página seria difícil. Há, sem dúvida, maneiras de fornecer referências essenciais no texto, sem recorrer às notas, como no sistema autor-data. Mas, em geral, a nota se presta maravilhosamente a este fim. Se for nota de referência bibliográfica, convém que apareça em rodapé e não no fim do livro ou do capítulo, pois desse modo com um simples golpe de vista pode-se controlar o que se está discutindo.

    As notas servem para acrescentar ao assunto discutido no texto outras indicações bibliográficas de reforço. *Ver também, a esse respeito, a obra tal.* Aqui também é mais cômodo colocá-las em rodapé. As notas servem para remissões internas e externas. Tratado um assunto, pode-se pôr em nota um *cf.* (que quer dizer *confrontar* e que remete a outro livro ou a outro capítulo ou parágrafo de nosso próprio trabalho).

As remissões internas também podem aparecer no texto, quando essenciais: sirva de exemplo o presente livro, onde vez por outra surgem remissões a outro parágrafo.

As notas servem para introduzir uma citação de reforço que, no texto, atrapalharia a leitura. Quer dizer, no texto você faz uma afirmação e, para não perder o fio da meada, passa à afirmação seguinte, remetendo em seguida à primeira nota onde se demonstra como uma célebre autoridade confirma a afirmação feita[1]. As notas servem para ampliar as afirmações que se fez no texto:[2] nesse sentido, são úteis por permitirem não sobrecarregar o texto com observações que, embora importantes, são acessórias em relação ao tema ou apenas repetem, sob um diferente ponto de vista, o que já fora dito de maneira essencial. As notas servem para corrigir as afirmações do texto. Você está seguro do que afirma, mas, ao mesmo tempo, consciente de que pode haver quem não esteja de acordo, ou considera que, de um certo ponto de vista, poder-se-ia fazer uma objeção à sua assertiva. Seria, então, prova não só de lealdade científica, mas também de espírito crítico inserir uma nota explicativa.

As notas podem servir para dar a tradução de uma citação que era essencial fornecer em língua estrangeira, ou a versão original de uma citação que, por razões de fluência do discurso, era mais cômodo fazer em tradução. As notas servem para pagar as dívidas.

Citar um livro de onde se extraiu uma frase é pagar uma dívida. Citar um autor do qual se utilizou uma idéia ou uma informação é pagar uma dívida.

Às vezes, porém, é preciso também pagar dívidas cuja documentação não é fácil, e pode ser norma de correção científica advertir em nota, por exemplo, que uma série de idéias originais ora expostas jamais teria vindo à luz sem o estímulo recebido da leitura de determinada obra ou das conversações privadas com tal estudioso.

A nota nunca deve ser excessivamente longa, do contrário não será uma nota, mas um apêndice que, como tal, deve aparecer no fim da obra, numerado.

---

[1] Todas as afirmações importantes de fatos que não são matéria de conhecimento geral... devem basear-se em uma evidência da sua validez. Isto pode ser feito no texto, na nota de rodapé ou em ambos.
[2] As notas de *conteúdo* podem ser usadas para discutir ou ampliar pontos do texto.

De qualquer forma, é preciso ser coerente: ou todas as notas em rodapé ou no fim do capítulo, ou breves notas em rodapé e apêndices no fim da obra.

Convém lembrar mais uma vez que, se está examinando uma fonte homogênea, a obra de um só autor, as páginas de um diário, uma coleção de manuscritos, cartas ou documentos etc, poder-se-ão evitar as notas simplesmente fornecendo, no início do trabalho, abreviaturas para as fontes e inserindo entre parênteses, no texto, uma sigla com o número de página ou do documento para cada citação ou outra remissão qualquer.

Em uma tese sobre autores medievais publicados na Patrologia Latina de Migne evitar-se-ão centenas de notas colocando no texto parênteses do tipo (PL, 30, 231). Deve-se proceder da mesma maneira para remissões a quadros, tabelas, figuras no texto ou em apêndice.

4.2 Uso de Citações

4.2.1 Conceito

Citação é a "menção, no texto, de uma informação colhida em outra fonte". (ABNT, 2002, p. 1).

Elas podem ser de dois tipos: *diretas* ou *indiretas*.

A *Citação direta* consiste na transcrição literal de palavras ou trechos de outro autor e podem ser apresentadas de duas formas:

1ª) inseridas entre aspas, no meio do texto normal, se ocuparem cerca de três linhas;
2ª) impressas em destaque na folha (com recuo na margem esquerda, ou em espaço ou tamanho da fonte menor – corpo 10), no caso de citações mais longas, sem aspas.

1ª Situação:
Exemplos:

Peter F. Drucker (1975, p. 27) descreve a organização funcional como sendo "a organização do trabalho em feixes de habilidades afins".

Segundo Schwartzman (1985, p. 58), "No Brasil, em 1983, havia (...) cinco mil unidades de pesquisa... desenvolvendo um ou mais projetos (...) Destas, 60% estavam localizadas em instituições universitárias (...) e 8% em empresas orientadas para a produção, públicas ou privadas".

2ª Situação:
Exemplo:
"A cultura de um povo consiste em seus padrões morais e características de comportamento, bem como em crenças, normas, premissas e valores subjacentes e reguladores, transmitidos de uma geração para outra". (KRECH, 1975, p. 76).

A *Citação indireta* ou Paráfrase consiste na reprodução das idéias de outro autor, sem transcrição literal. Quando as citações não forem textuais (citações indiretas) e não incluírem os nomes dos autores, elas devem ser apresentadas ao final do parágrafo, entre parênteses, indicando o nome do autor, em caixa alta, seguido do ano de edição da obra, constituindo a *Nota Bibliográfica*.

Exemplo:
Em torno destes quatro elementos permanece intensa discussão, havendo aqueles que defendem a universidade com uma visão acadêmica e os que as defendem com uma visão profissionalizante. (GONÇALVES NETO, 1987).

Expressões Latinas: *Apud* = citado por; *Ibid.* = na mesma obra; *Id.* = igual à anterior; *Op. Cit.* = obra citada; *Sic* = assim.

Quando "se transcrevem palavras textuais ou conceitos de um autor sendo ditos por um segundo autor, ou seja, da fonte que se está consultando diretamente", usa-se a expressão latina *Apud* que corresponde a *Citado por*. (SCHMIDT, 1981, p. 40).

Exemplo para Nota Bibliográfica: (Silva apud Pessoa, 1965).

Exemplo para a lista de Referências:
ASTIVERA, A. Metodologia da pesquisa científica. Porto Alegre: Globo, 1973. *Apud.* SCHMIDT, L. Sistematização no uso das notas de rodapé e citações bibliográficas de trabalhos acadêmicos. **Revista de Biblioteconomia de Brasília**, v. 9, n. 1, p. 35 – 41, jan./jun. 1981.

Usar a expressão Op. Cit. (= obra citada) quando uma obra já foi referenciada anteriormente, não precisando repetir informações.
Exemplo para Nota Bibliográfica: (FREYRE, op. cit., p. 14).

4.2.2 Normas Para Apresentação de Citações

A apresentação das citações segue as especificações da Associação Brasileira de Normas Técnicas (ABNT), segundo a norma NBR 10520:2002. A citação, conforme já explanado anteriormente, é uma menção, no texto, de uma informação colhida em documentos pesquisados. A sua função consiste em sustentar o raciocínio do autor no decorrer do trabalho. Ao se fazer uma citação indica-se sempre a fonte de onde foi retirada a informação. As citações dividem-se em: citação direta, citação indireta e citação de citação.

Reforçando o conceito já apresentado, *Citação direta*: é a transcrição literal do texto ou de parte dele. É usada quando o pesquisador necessita maior esclarecimento do assunto. A citação direta curta, com até 3 linhas, obedece à seguinte caracterização:

– "deve fazer normalmente parte do texto e conter aspas".

Exemplo:

Segundo Gil (1994, p. 25), "a década de 1950 caracterizou-se por mudanças significativas no campo das relações de trabalho. Nesse período ocorreu a expansão da indústria siderúrgica, petrolífera e química e a implantação da indústria automobilística".

As citações diretas longas, com mais de 3 linhas, devem ser destacadas com recuo de 4 cm da margem esquerda, com letra menor que a do texto (fonte 10) e sem aspas.

> No início do século XX, a palavra-chave era eficiência. No final do século XX, a palavra-chave é competitividade. A eficiência continua sendo uma preocupação dominante, como no tempo de Taylor e Ford, mas por razões diferentes. Hoje é necessário saber ser eficiente e se sobressair em um mercado tão competitivo. (MAXIMIANO, 2000, p. 42).

Como pode ser notado pelos exemplos, ao se fazer uma citação direta deve ser especificado no texto o autor ou autores (sobrenomes) e a data de publicação da obra de onde foi retirada a idéia, bem como a página da fonte consultada.

Nas citações indiretas, a indicação da página consultada é opcional. Quando o sobrenome do autor fizer parte da sentença terá apenas a inicial maiúscula e as demais minúsculas e, quando estiver entre parênteses, deve ser em letras maiúsculas.

Reforçando o conceito já apresentado, *Citação indireta* – é redigida pelo autor do trabalho com base em idéias de outro autor ou autores. Deve-se sempre indicar a fonte de onde foi tirada a idéia. As citações indiretas podem aparecer sob forma de paráfrase ou condensação e em ambas é dispensável o uso de aspas.

Exemplos:

Segundo Silveira (2003), o tempo médio que uma pessoa demitida leva para conseguir um novo emprego são cerca de 10 meses, o que corresponde a cerca de 300 dias de uma angustiante espera.

De acordo com Chiavenato (1989), a organização depende das pessoas, recurso indispensável e inestimável. Assim, a interdependência de necessidades da organização e do indivíduo é imensa, pois tanto as vidas como os objetivos de ambos estão inseparavelmente ligados e entrelaçados.

Portanto, nas citações indiretas é necessário apenas informar o autor da idéia e o ano.

Citação de citação – é a menção a um documento ao qual não se teve acesso, mas do qual se tomou conhecimento apenas por citação em outro trabalho. Só deve ser usado se for absolutamente impossível ter acesso ao documento original. A indicação é feita pelo nome do autor original, seguido da expressão *citado por* ou *apud* e do nome do autor da obra consultada. Somente o autor da obra consultada é mencionado nas referências.

Exemplo:

De acordo com Carter (1998) apud Wearing & Neil (2002, p. 106), "os locais populares de recreação ao ar livre atraem grandes quantidades de visitantes (...)."

Deve-se evitar ao máximo o uso de citação de citação, pois este recurso só deve ser usado em total impossibilidade de acesso à fonte original.

O sistema descrito anteriormente de apresentação das citações é denominado sistema autor-data. Existe outro tipo de sistema, que é denominado sistema numérico. A maioria das instituições adota o sistema autor-data. Como as obras consultadas na realização de um trabalho podem ter mais de um autor, nas citações são apresentados apenas os sobrenomes de três autores; quando houver uma obra com mais de três autores, utiliza-se a expressão *et al* (e outros),conforme Quadro 4.1, a seguir.

QUADRO 4.1 – EXEMPLO DO USO DE CITAÇÕES COM DIFERENTES NÚMEROS DE AUTORES.

Autor(es)	Exemplo do uso de citações	
	Não incluído(s) na sentença	Incluído(s) na sentença
Um autor	(CHIAVENATO, 2001, p. 21)	Chiavenato (2001, p. 21)
Dois autores	(MARION; IUDÍCIBUS, 2000, p. 76)	Marion; Iudícibus (2000, p. 76)
Três autores	(SANTOS NETO; LIMA; CRUZ, 2003, p. 13)	Santos Neto; Lima; Cruz (2003, p. 13)
Mais de três autores	(WILLIAMS et al, 2001, p. 89)	Williams et al. (2001, p. 89)

FONTE: UFES, 2004.

4.3 Como Referenciar

4.3.1 Referência Bibliográfica e Bibliografia

Referência Bibliográfica – Representação dos documentos efetivamente citados no trabalho.

Bibliografia – Lista de obras sugeridas e/ou lidas, mas não citadas no trabalho.

4.3.2 Elementos Essenciais e Elementos Complementares Separados por Tipo de Publicação

Monografia no todo (livros, dissertações, teses etc.)
   Dados essenciais:
   ✓ Autor;
   ✓ Título e subtítulo;
   ✓ Edição (n.);
   ✓ Imprenta (local: editora e data).

   Dados complementares:
   ✓ Descrição física (número de páginas ou volumes), ilustração, dimensão;
   ✓ Série ou coleção;
   ✓ Notas especiais;
   ✓ ISBN (*International Standard Book Number*) (Padronização internacional de número de livro).

Partes de monografias (trabalho apresentado em congressos, capítulo de livro etc.)
   Dados essenciais:
   ✓ Autor da parte referenciada;
   ✓ Título e subtítulo da parte referenciada, seguidos da expressão In*:;*
   ✓ Referência da publicação no todo (com os dados essenciais);
   ✓ Localização da parte referenciada (páginas inicial e final).
   Dados complementares:
   ✓ Descrição física;
   ✓ Série;
   ✓ Notas especiais;
   ✓ ISBN.

Publicações Periódicas (revistas, boletins etc.) coleção
   Dados essenciais
   ✓ Título do periódico, revista, boletim;

- ✓ Local de publicação, editora, data de inicio da coleção e data de encerramento da publicação, se houver.

Dados complementares
- ✓ Periodicidade;
- ✓ Notas especiais (mudanças de título ou incorporações de outros títulos, indicação de índices);
- ✓ ISSN (*International Standard Serial Number*) (Número Internacional para padronização de publicações seriadas).

Fascículos, suplementos, números especiais com título próprio
Dados essenciais:
- ✓ Título da publicação;
- ✓ Título do fascículo, suplemento, número especial;
- ✓ Local de publicação, editora;
- ✓ Indicação do volume, número, mês e ano e total de páginas.

Dados complementares:
- ✓ Nota indicativa do tipo do fascículo, quando houver (p. ex.: ed. especial);
- ✓ Notas especiais.

Partes de publicações periódicas (Artigos)
Dados essenciais:
- ✓ Autor do artigo;
- ✓ Título do artigo, subtítulo (se houver);
- ✓ Título do periódico, revista ou boletim;
- ✓ Título do fascículo, suplemento, número especial (quando houver);
- ✓ Local de publicação;
- ✓ Indicação do volume, número, mês e ano e páginas inicial e final;
- ✓ Período e ano de publicação.

Dados complementares:
- ✓ Nota indicativa do tipo de fascículo quando houver (p. ex.: ed. especial);
- ✓ Notas especiais.

Artigos em jornais
> *Dados essenciais:*
> ✓ Autor do artigo;
> ✓ Título do artigo, subtítulo (se houver);
> ✓ Título do jornal;
> ✓ Local de publicação;
> ✓ Data com dia, mês e ano;
> ✓ Nome do caderno ou suplemento, quando houver;
> ✓ Página ou páginas do artigo referenciado;

Nota: Quando não houver seção, caderno ou parte, a paginação do artigo precede a data.
> *Dados complementares*:
> ✓ Seção;
> ✓ Caderno ou suplemento.

Ordenação da Bibliografia

As referências bibliográficas podem ter uma ordenação alfabética, cronológica e sistemática (por assunto). Neste trabalho, sugere-se a adoção da ordenação alfabética ascendente.

Autor repetido: Quando se referenciam várias obras do mesmo autor, substitui-se o nome do autor das referências subseqüentes por um traço equivalente a seis espaços ou 1,5 cm.

Localização

As referências bibliográficas podem vir:
– Em listas após o texto, antecedendo os anexos;
– No rodapé;
– No fim do capítulo;
– Antecedendo resumos, resenhas e recensões.

4.4 Aspectos Gráficos

Espaçamento: as referências devem ser digitadas, usando espaço simples entre as linhas e espaço duplo para separá-las.

Margem: As referências são alinhadas somente à margem esquerda.

4.4.1 Pontuação

- usa-se ponto após o nome do autor/autores, após o título, edição e no final da referência;
- os dois pontos são usados antes do subtítulo, antes da editora e depois do termo In:;
- a vírgula é usada após o sobrenome dos autores, após a editora, entre o volume e o número, páginas da revista e após o título da revista;
- o ponto e vírgula seguido de espaço é usado para separar os autores;
- o hífen é utilizado entre páginas (ex.: 10-15) e, entre datas de fascículos seqüênciais (ex.: 1998-1999);
- a barra transversal é usada entre números e datas de fascículos não seqüencias (ex.: 7/9, 1979/1981);
- o colchete é usado para indicar os elementos de referência que não aparecem na obra referenciada, porém são conhecidos (ex.: [1991]);
- o parêntese é usado para indicar série, grau (nas monografias de conclusão de curso e especialização, teses e dissertações) e para o título que caracteriza a função e/ou responsabilidade, de forma abreviada. (Coord, Org, Comp.). Ex.: BOSI, Alfredo (Org.). Não se coloca este termo no plural (Orgs. Coord. Comps. etc.) no caso de mais de um responsável pelo serviço em foco;
- as reticências são usadas entre parênteses para indicar supressão de títulos. Ex.: Anais (...).

4.4.2 Maiúsculas

Usam-se maiúsculas ou caixa alta para:
- sobrenome do autor;

- primeira palavra do título quando esta inicia a referência. (ex.: O MARUJO);
- entidades coletivas (na entrada direta);
- nomes geográficos (quando anteceder um órgão governamental da administração: Ex.: BRASIL. Ministério da Educação);
- títulos de eventos (congressos, seminários etc.).

4.4.3 Grifo

Usa-se grifo para:
- título das obras que não iniciam a referência;
- título dos periódicos.

4.4.4 Itálico

Usa-se itálico para nomes científicos, conforme norma própria.
Abreviaturas devem ser padronizadas conforme a NBR10522:1988.

4.5 Autoria

4.5.1 Autoria Pessoal

Nota "Indicar o sobrenome, em caixa alta, seguido do prenome, abreviado ou não, desde que haja padronização neste procedimento, separados entre si por ponto e vírgula seguidos de espaço." (ABNT, NBR 6023:2002).

Um Autor:
SCHÜTZ, Edgar. **Reengenharia mental**: reeducação de hábitos e programação de metas. Florianópolis: Insular, 1997. 104 p.

> **Dica** caso seja feita a opção por citar ao final da referência o número de páginas da obra, deve-se manter este tipo de padronização em todas as referências, citando o número de páginas em todas. Considerando que existe a possibilidade da não obtenção da numeração de páginas exata de todas as publicações consultadas, recomenda-se optar por não citar a numeração de páginas nas referências, exceto nos casos em que esta informação é obrigatória.

Dois Autores:

SÓDERSTEN, Bo; GEOFREY, Reed. **International economics**. 3. ed. London: MacMillan, 1994. 714 p.

Três Autores:

NORTON, Peter; AITKEN, Peter; WILTON, Richard. **Peter Norton**: a bíblia do programador. Tradução: Geraldo Costa Filho. Rio de Janeiro: Campus, 1994. 640 p.

Mais de três Autores:

BRITO, Edson Vianna et al. **Imposto de renda das pessoas físicas**: livro prático de consulta diária. 6. ed. atual. São Paulo: Frase Editora, 1996. 288 p.

> **Dicas** Quando houver mais de três autores, indicar apenas o primeiro, acrescentando-se a expressão et al. Em casos específicos, tais como projetos de pesquisa científica nos quais a menção dos nomes for indispensável para certificar autoria, é facultado indicar todos os nomes.

Autor Desconhecido:

> **Dica** Em caso de autoria desconhecida a entrada é feita pelo título. O termo *anônimo* não deve ser usado em substituição ao nome do autor desconhecido.

PROCURA-SE um amigo. In: SILVA, Lenilson Naveira e. **Gerência da vida**: reflexões filosóficas. 3. ed. Rio de Janeiro: Record, 1990. 247. p. 212-213.

Pseudônimo

Nota Quando o autor da obra adotar pseudônimo na obra a ser referenciada, este deve ser considerado para entrada. Quando o verdadeiro nome for conhecido, deve-se indicá-lo entre colchetes após o pseudônimo.

ATHAYDE, Tristão de [Alceu Amoroso Lima]. **Debates pedagógicos**. Rio de Janeiro: Schmidt, 1931.

Organizadores, compiladores, editores, adaptadores etc.:

Nota Quando a responsabilidade intelectual de uma obra for atribuída a um organizador, editor, coordenador, etc., a entrada da obra é feita pelo sobrenome, seguida das abreviaturas correspondentes entre parênteses. Quando houver mais de um organizador ou compilador, devem-se adotar as mesmas regras para autoria.

BOSI, Alfredo (Org.). **O conto brasileiro contemporâneo**. 3. ed. São Paulo: Cultrix, 1978. 293p.

Autor Entidade Coletiva (Associações, Empresas, Instituições):

Nota: Obras de cunho administrativo ou legal de entidades independentes, entrar diretamente pelo nome da entidade, em caixa alta, por extenso, considerando a subordinação hierárquica, quando houver.

ASSOCIAÇÃO BRASILEIRA DE ENFERMAGEM. Centro de Estudos em Enfermagem. **Informações, pesquisas e pesquisadores em Enfermagem**. São Paulo: 1916. 124 p.

INSTITUTO NACIONAL DE PROPRIEDADE INDUSTRIAL (Brasil). **Classificação Nacional de patentes**. 3. ed. Rio de Janeiro: 1979. v. 9.
UNIVERSIDADE DE SÃO PAULO. Instituto Astronômico e Geográfico. **Anuário astronômico**. São Paulo: 1988. 279 p.
Nota: Quando a entidade, vinculada a um órgão maior, tem uma denominação específica que a identifica, a entrada é feita diretamente pelo seu nome. Para homônimos, usar a área geográfica, local.
BIBLIOTECA NACIONAL (Brasil). **Bibliografia do folclore brasileiro**. Rio de Janeiro: Divisão de Publicações, 1971.
BIBLIOTECA NACIONAL (Lisboa). **Bibliografia Vicentina**. Lisboa: [s.n.], 1942.

Órgãos governamentais:

> **Nota** Quando se tratar de órgãos governamentais da administração (Ministérios, Secretarias e outros) entrar pelo nome geográfico em caixa alta (país, estado ou município), considerando a subordinação hierárquica, quando houver.

BRASIL. Ministério do Trabalho. Secretaria de Formação e Desenvolvimento Profissional. **Educação profissional**: um projeto para o desenvolvimento sustentado. Brasília: SEFOR, 1995. 24 p.
Tradutor, prefaciador, ilustrador etc.

> **Nota** Quando necessário, acrescentam-se informações referentes a outros tipos de responsabilidade logo após o título, conforme aparece no documento.

SZPERKOWICZ, Jerzy. **Nicolás Copérnico**: 1473-1973. Tradução de Victor M. Ferreras Tascón, Carlos H. de León Aragón Varsóvia: Editorial Científica Polaca, 1972. 82p.

4.6 Elaboração de Referências Bibliográficas

Monografias consideradas no todo

AUTOR DA OBRA. **Título da obra**: subtítulo. Número da edição. Local de Publicação: Editor, ano de publicação. Número de páginas ou volume. (Série). Notas.

Livros
DINA, Antonio. **A fábrica automática e a organização do trabalho**. 2. ed. Petrópolis: Vozes, 1987.132p.

Dicionários
AULETE, Caldas. **Dicionário contemporâneo da Língua Portuguesa**. 3. ed. Rio de Janeiro: Delta, 1980. 5v.

Atlas
MOURÃO, Ronaldo Rogério de Freitas. **Atlas celeste**. 5. ed. Petrópolis: Vozes, 1984. 175 p.

Bibliografias
INSTITUTO BRASILEIRO DE INFORMAÇÃO EM CIÊNCIA E TECNOLOGIA. **Bibliografia Brasileira de Ciência da Informação**: 1984/ 1986. Brasília: IBICT, 1987.

Biografias
SZPERKOWICZ, Jerzy. **Nicolás Copérnico**: 1473-1973. Tradução de Victor M. Ferreras Tascón, Carlos H. de León Aragón Varsóvia: Editorial Científica Polaca, 1972. 82p.

Enciclopédias
THE NEW **Encyclopaedia Britannica**: micropaedia. Chicago: Encyclopaedia Britannica, 1986. 30 v.

Bíblias
BÍBLIA. Língua. **Título da obra**. Tradução ou versão. Local: Editora, Data de publicação. Total de páginas. Notas (se houver).
BÍBLIA. Português. **Bíblia sagrada**. Tradução de Padre Antônio Pereira de Figueredo. Rio de Janeiro: *Encyclopaedia Britannica*, 1980. Edição Ecumênica.

Normas Técnicas
ÓRGÃO NORMALIZADOR. **Título**: subtítulo, n. da Norma. Local, ano. Volume ou Página(s).
ASSOCIAÇÃO BRASILEIRA DE NORMAS TÉCNICAS. **Resumos**: NB-88. Rio de Janeiro, 1987. 3 p.

Patentes
NOME e endereço do depositante, do inventor e do titular. Título da invenção na língua original. Classificação internacional de patentes. Sigla do país e número do depósito. Data do depósito, data da publicação do pedido de privilégio. **Indicação da publicação onde foi publicada a patente**. Notas.
ALFRED WERTLI AG. Bertrand Reymont. Dispositivo numa usina de fundição de lingotes para o avanço do lingote fundido. Int CI 3B22 D29/00.Den.PI 8002090. 2 abr. 1980, 25 nov. 1980. **Revista da Propriedade Industrial**, Rio de Janeiro, n.527, p. 17.

Dissertações e Teses
AUTOR. **Título**: subtítulo. Local. Ano de apresentação. Número de folhas ou volumes. Categoria (Grau e área de concentração) – Instituição.
RODRIGUES, M. V. **Qualidade de vida no trabalho**. Belo Horizonte, 1989. 180f. Dissertação (Mestrado em Administração) – Faculdade de Ciências Econômicas, Universidade Federal de Minas Gerais.

Congressos, Conferências, Simpósios, *Workshops*, Jornadas e outros Eventos Científicos

NOME DO CONGRESSO. n., ano, Cidade onde se realizou o Congresso. Título... Local de publicação: Editora, data de publicação. Número de páginas ou volume.

Nota Quando se tratar de mais de um evento, realizados simultaneamente, devem-se seguir as mesmas regras aplicadas a autores pessoais.

Jornadas
JORNADA INTERNA DE INICIAÇÃO CIENTÍFICA, 18, JORNADA INTERNA DE INICIAÇÃO ARTÍSTICA E CULTURAL, 8, 1996, Rio de Janeiro. Livro de Resumos do XVIII Jornada de Iniciação Científica e VIII Jornada de Iniciação Artística e Cultural. Rio de Janeiro: UFRJ, 1996. 822p.

Reuniões
ANNUAL MEETING OF THE AMERICAN SOCIETY OF INTERNATIONAL LAW, 65, 1967, Washington. Proceedings... Washington: ASIL, 1967.227p.

Conferências
CONFERÊNCIA NACIONAL DA ORDEM DOS ADVOGADOS DO BRASIL, 11, 1986, Belém. **Anais**(...) [s.l.]: OAB, [1986?]. 924p.

Workshop
WORKSHOP DE DISSERTAÇÕES EM ANDAMENTO, 1, 1995, São Paulo. **Anais**(...) São Paulo: ICRS, USP, 1995. 39p.

Relatórios oficiais
COMISSÃO NACIONAL DE ENERGIA NUCLEAR. Departamento de Pesquisa Científica e Tecnológica. **Relatório**. Rio de Janeiro, 1972. Relatório. Mimeografado.

Relatórios técnico-científicos
SOUZA, Ubiraci Espinelli Lemes de; MELHADO, Silvio Burratino. **Subsídios para a avaliação do custo de mão-de-obra na construção civil**. São Paulo: EPUSP, 1991. 38p (Série Texto Técnico,TT/PCC/01).

Referências Legislativas

Constituições
PAÍS, ESTADO ou MUNICÍPIO. Constituição (data de promulgação). **Título**. Local: Editor, Ano de publicação. Número de páginas ou volumes. Notas.
BRASIL. Constituição (1988). **Constituição da República Federativa do Brasil**: promulgada em 5 de outubro de 1988. Organização do texto: Juarez de Oliveira. 4. ed. São Paulo: Saraiva, 1990. 168p. (Série Legislação Brasileira).

Leis e Decretos
PAÍS, ESTADO ou MUNICÍPIO. Lei ou Decreto, n., data (dia, mês e ano). Ementa. Dados da publicação que publicou a lei ou decreto.
BRASIL. Decreto n. 89.271, de 4 de janeiro de 1984. Dispõe sobre documentos e procedimentos para despacho de aeronave em serviço internacional. LEx.: Coletânea de Legislação e Jurisprudência, São Paulo, v. 48, p. 3-4, jan./mar.,1. trim. 1984. Legislação Federal e Marginália.
BRASIL. Lei n. 9273, de 3 de maio de 1996. Torna obrigatória a inclusão de dispositivo de segurança que impeça a reutilização das seringas descartáveis. LEx.: Coletânea de Legislação e Jurisprudência, São Paulo, v. 60, p. 1260, maio/jun., 3. trim.1996. Legislação Federal e Marginália.

Pareceres
AUTOR (Pessoa física ou Instituição responsável pelo documento). Ementa, Tipo, número e data (dia, mês e ano) do parecer. Dados da publicação que publicou o parecer.

BRASIL.Secretaria da Receita Federal. Do parecer no tocante aos financiamentos gerados por importações de mercadorias, cujo embarque tenha ocorrido antes da publicação do Decreto-lei n. 1.994, de 29 de dezembro de 1982. Parecer normativo, n. 6, de 23 de março de 1984. Relator: Ernani Garcia dos Santos. LEx.: Coletânea de Legislação e Jurisprudência, São Paulo, p. 521-522, jan./mar. 1. Trim., 1984. Legislação Federal e Marginália.

Portarias, Resoluções e Deliberações
AUTOR. (entidade coletiva responsável pelo documento). Ementa (quando houver). Tipo de documento, n. e data (dia, mês e ano). Dados da Publicação que publicou.

Portarias
BRASIL. Secretaria da Receita Federal. Desliga a Empresa de Correios e Telégrafos – ECT do sistema de arrecadação. Portaria n. 12, de 21 de março de 1996. LEx.: Coletânea de Legislação e Jurisprudência, São Paulo, p. 742-743, mar./abr., 2. Trim. 1996. Legislação Federal e Marginália.

Resoluções
CONSELHO FEDERAL DE MEDICINA. Aprova as instruções para escolha dos delegados-eleitores, efetivo e suplente à Assembléia para eleição de membros do seu Conselho Federal. Resolução n. 1.148, de 2 de março de 1984. LEx.: Coletânea de Legislação e Jurisprudência, São Paulo, p. 425-426, jan./mar., 1. Trim. de 1984. Legislação Federal e Marginália.

Acórdãos, Decisões, Deliberações e Sentenças das Cortes ou Tribunais
AUTOR (entidade coletiva responsável pelo documento). Nome da Corte ou Tribunal. Ementa (quando houver). Tipo e n. do recurso (apelação, embargo, *habeas-corpus*, mandado de segurança etc.). Partes litigantes. Nome do relator precedido da palavra "Relator". Data, precedida da palavra (acórdão ou decisão ou sentença) Dados do órgão ou instituição que o publicou. Voto vencedor e vencido, quando houver.
BRASIL. Superior Tribunal de Justiça. Ação Rescisória que ataca apenas um dos fundamentos do julgado rescindindo, permanecendo subsistentes ou outros aspectos não impugnados pelo autor. Ocorrência, ademais, de imprecisão na identificação e localização do imóvel objeto da demanda. Coisa julgada. Inexistência. Ação de consignação em pagamento não decidiu sobre domínio e não poderia fazê-lo. Alegação de violação da lei e de coisa julgada repelida. Ação rescisória julgada improcedente. Acórdão em ação rescisória n. 75-RJ. Manoel da Silva Abreu e Estado do Rio de Janeiro. Relator: Ministro Barros Monteiro. DJ, 20 nov. 1989. LEx.: Coletânea de Legislação e Jurisprudência, São Paulo, v.2, n. 5, jan. 1990. p. 7-14.

Partes de Monografias
AUTOR da parte. Título da parte. Termo. In: Autor da obra. **Título da obra**. Número da edição. Local de Publicação: Editor, Ano de publicação, Número ou volume, páginas inicial-final da parte e/ou isoladas.

Capítulos de livros
NOGUEIRA, D. P. Fadiga. In: FUNDACENTRO. **Curso de médicos do trabalho**. São Paulo, 1974. v.3, p. 807-813.

Verbetes de Enciclopédias
MIRANDA, Jorge. Regulamento. In: POLIS. **Enciclopédia Verbo da Sociedade e do Estado**: Antropologia, Direito, Economia, Ciência Política. São Paulo: Verbo, 1987. v. 5, p. 266-278.

Verbetes de Dicionários
HALLISEY, Charles. Budismo. In: OUTHWAITE, William, BUTTOMORE, Tom. Dicionário do pensamento social do século XX. Tradução de Eduardo Francisco Alves; Álvaro Cabral. Rio de Janeiro: Zahar, 1996. p. 47-49.

Partes isoladas

MORAIS, Fernando. **Olga**. São Paulo: Alfa-Omega, 1979. p. 90,91,96,175,185.

Bíblia em parte
Título da parte. Língua. In: **Título**. Tradução ou versão. Local: Editora, Data de publicação. Total de páginas. Páginas inicial e final da parte. Notas (se houver).
Jó. Português. In: **Bíblia sagrada**. Tradução de Padre Antônio Pereira de Figueiredo. Rio de Janeiro: Encyclopedia Britânnica, 1980. p. 389-412. Edição Ecumênica. Bíblia. A. T
Trabalhos apresentados em Congressos, Conferências, Simpósios, Workshops, Jornadas, Encontros e outros Eventos Científicos
AUTOR. Título do trabalho. In: NOME DO CONGRESSO, n., ano, Cidade onde se realizou o Congresso. Título (Anais ou *Proceedings* ou Resumos...).

Local de publicação: Editora, data de publicação. Total de páginas ou volumes. Páginas inicial e final do trabalho.

Encontros
RODRIGUES, M. V. Uma investigação na qualidade de vida no trabalho. In: ENCONTRO ANUAL DA ANPAD, 13, Belo Horizonte, 1989. **Anais** (...) Belo Horizonte : ANPAD, 1989. 500p. p. 455-468.

Reuniões Anuais
FRALEIGH, Arnold. The Algerian of independence. In: ANNUAL MEETING OF THE AMERICAN SOCIETY OF INTERNATIONAL LAW, 61, 1967, Washington. **Proceedings**(...) Washington: Society of International Law, 1967. 654 p. 6-12.

Conferências
ORTIZ, Alceu Loureiro. Formas alternativas de estruturação do Poder Judiciário. In: CONFERÊNCIA NACIONAL DA ORDEM DOS ADVOGADOS DO BRASIL, 11, 1986, Belém. **Anais**(...) [s.l.]: OAB, [1986?]. 924p. p. 207-208.

Workshop
PRADO, Afonso Henrique Miranda de Almeida. Interpolação de imagens médicas. In: WORKSHOP DE DISSERTAÇÕES EM ANDAMENTO, 1, 1995, São Paulo. Anais...São Paulo: IMCS, USP, 1995. 348p. p. 2.

4.7   Publicações Periódicas

4.7.1 CONSIDERADAS NO TODO

Coleções
TITULO DO PERIÓDICO. Local de publicação (cidade): Editora, ano do primeiro e último volume. Periodicidade. ISSN (Quando houver).
TRANSINFORMAÇÃO. Campinas: PUCCAMP. 1989-1997. Quadrimestral. ISSN: 0103-3786

Fascículos
TÍTULO DO PERIÓDICO. Local de publicação (cidade): Editora, volume, número, mês e ano.
VEJA. São Paulo: Editora Abril, v.31, n.1, jan., 1998.
Fascículos com título próprio
TÍTULO DO PERIÓDICO. Titulo do fascículo. Local de publicação (cidade): Editora, volume, número, mês e ano. Notas.
GAZETA MERCANTIL. Balanço anual 1997. São Paulo, n.21, 1997. Suplemento.
EXAME. Melhores e maiores: as 500 maiores empresas do Brasil, São Paulo: Editora Abril. jul. 1997. Suplemento.

4.7.2 Partes de Publicações Periódicas

Artigo de Revista
AUTOR DO ARTIGO. Título do artigo. **Título da Revista**, (abreviado ou não) Local de Publicação, Número do Volume, Número do Fascículo, Páginas inicial-final, mês e ano.
ESPOSITO, I. et al. Repercussões da fadiga psíquica no trabalho e na empresa. **Revista Brasileira de saúde ocupacional**, São Paulo, v.8, n.32, p. 37-45, out./dez. 1979.
Artigo de jornal
AUTOR DO ARTIGO. Título do artigo. Título do Jornal, Local de Publicação, dia, mês e ano. Número ou Título do Caderno, seção ou suplemento e, páginas inicial e final do artigo.

Nota Os meses devem ser abreviados de acordo com o idioma da publicação.

Quando não houver seção, caderno ou parte, a paginação do artigo precede a data.
OLIVEIRA, W. P. de. **Judô**: Educação física e moral. O Estado de Minas, Belo Horizonte, 17 mar. 1981. Caderno de esporte, p. 7.
SUA safra, seu dinheiro. Folha de São Paulo, São Paulo, 17 ago. 1995. 2. cad. p. 9.

4.8 *Imprenta* (Local, Editora e Data)

4.8.1 LOCAL

O nome do local (cidade) deve ser indicado tal como aparece na obra referenciada. Quando houver homônimos, acrescenta-se o nome do estado ou país. Ex.: Viçosa, MG. Viçosa, RN.

> **Nota** Quando o Local e a Editora não aparecem na publicação, mas é conhecido, indicar entre colchetes.[s.l.; s. n.]

4.8.2 EDITORA

Quando o editor é o mesmo autor, não mencioná-lo como editor. Quando houver mais de uma editora, indica-se a que aparecer com maior destaque na folha de rosto, as demais podem ser também registradas com os respectivos lugares.
   Ex.: São Paulo: Nobel.
   Rio de Janeiro: Makron; São Paulo: Nobel.

4.8.3 DATA

A data de publicação deve ser indicada em algarismos arábicos. Por se tratar de elemento essencial para a referência, sempre deve ser indicada uma data, seja da publicação, da impressão, do copirraite ou outra. Quando a data não consta na obra, registrar a data aproximada entre colchetes.
   Exemplos:
   [1981 ou 1982] um ano ou outro.
   [1995?] data provável.
   [1995] data certa não indicada na obra.
   [entre 1990 e 1998] use intervalos menores de 20 anos.
   [ca.1978] data aproximada.
   [199-] década certa.
   [199?] década provável.

[19—] para século certo.
[19-?] para século provável.

4.9 Séries e Coleções

Ao final da referência indicam-se os títulos das Séries e Coleções e sua numeração tal como figuram no documento, entre parênteses.
PÁDUA, Marsílio. **O defensor da paz**. Tradução e notas de José Antônio Camargo
Rodrigues de Souza, introdução de José Antônio Camargo Rodrigues de Souza; Gregório Francisco Bertolloni. Petrópolis: Vozes, 1997. 701 p. (Clássicos do Pensamento Político).

4.9.1 NOTAS

São informações complementares acrescentadas no final da referência sem destaque tipográfico.

Abstracts
BIER, Ethan. **Anti-neural inhibition**: a conserved mechanism for neural induction. Cell, Cambridge, v.89, n.5, 1997. p. 681-684. Chemical abstracts, Ohio: CAS, v. 127, n.6. ago, 1997. p. 409. *Abstracts*.

Dissertações e teses
AMBONI, Narcisa de Fátima. **Estratégias organizacionais**: um estudo de multicasos em sistemas universitários federais das capitais da Região Sul do País. Florianópolis, 1995. 143f. Dissertação (Mestrado em Administração) – Curso de Pós-graduação em Administração, Universidade Federal de Santa Catarina.
LOPES, Heitor Silveira. **Analogia e aprendizado evolucionário**: aplicação em diagnóstico clínico. Florianópolis, 1996.179 f. Tese (Doutorado em Engenharia Elétrica) – Curso de Pós-Graduação em Engenharia Elétrica, Universidade Federal de Santa Catarina.

Ensaios
MÉLO, Veríssimo de. **Ensaios de antropologia brasileira**. Natal: Imprensa Universitária, 1973. 172 p. Ensaio.

Facsimiles
SOUZA, João da Cruz. **Evocações**. Florianópolis: Fundação Catarinense de Cultura, 1986. 404 p. Edição fac-similar.

Notas de aula
KNAPP, Ulrich. **Separação de isótopos de urânio conforme o processo Nozzle**: curso introdutório, 5-30 de set. de 1977. 26 f. Notas de Aula. Mimeografado.

Reimpressões
PUTNAN, Hilary. **Mind, language and reality**: philosophical papers. Cambridge: Cambridge University, 1995. v.2. Reimpressão.

Notas múltiplas
DUARTE, Raymundo. Notas preliminares do movimento messiânico de Pau de Colher: comunicação apresentada ao IV Colóquio Internacional de estudos Luso-Brasileiro. Salvador. 1969. Notas prévias. Mimeografado.

Resenhas
WITTER, Geraldina Porto (Org.). Produção científica. Transinformação, Campinas, SP, v.9, n.2, p. 135-137, maio/ago. 1997. Resenha.
MATSUDA, C.T. Cometas: do mito à Ciência. São Paulo: Ícone, 1986. Resenha de: SANTOS, P.M. Cometa: divindade momentânea ou bola de gelo sujo? Ciência Hoje, São Paulo, v.5, n.30, p. 20, abril.1987.

Trabalhos não publicados

ALVES, João Bosco da Mota, PEREIRA, Antônio Eduardo Costa. Linguagem Forth. Uberlândia, 100 p. Trabalho não publicado.

Tradução do original
AUDEN, W. H. A Mão do artista. Tradução de José Roberto O'Shea. São Paulo: Siciliano, 1993. 399p. Título original: The dyer's hand.

Tradução feita com base em outra tradução
MUTAHHARI, Murtadã. **Os direitos das mulheres no Islã**. Tradução por: Editora Islâmico Alqalam. Lisboa: Islâmica Alqalam, 1988. 383 p. Versão inglesa. Original em Persa.

4.10 OUTROS TIPOS DE DOCUMENTO

Atas de reuniões
NOME DA ORGANIZAÇÃO. LOCAL. **Título e data**. Livro n., p. inicial-final.
UNIVERSIDADE FEDERAL DE SANTA CATARINA. Biblioteca Central. **Ata da reunião realizada no dia 4 de julho de 1997**. Livro 50, p. 1.

Bulas (remédios)
TÍTULO da medicação. Responsável técnico (se houver). Local: Laboratório, ano de fabricação. Bula de remédio.
NOVALGINA: dipirona sódica. São Paulo: Hoechst, [199?]. Bula de remédio.

Cartões Postais
TÍTULO. Local: Editora, ano. Número de unidades físicas: indicação de cor.
BRASIL turístico: Anoitecer sobre o Congresso Nacional – Brasília. São Paulo: Mercador. [198-]. 1 cartão postal: color.

Convênios
A entrada é feita pelo nome da instituição que figura em primeiro lugar no documento. O local é designativo da cidade onde está sendo executado o convênio.
NOME DA PRIMEIRA INSTITUIÇÃO. Título. local, data.

CONSELHO NACIONAL DE DESENVOLVIMENTO CIENTÍFICO E TECNOLÓGICO – CNPQ. Termo de compromisso que entre si celebram o Conselho Nacional de Desenvolvimento Científico e Tecnológico – CNPQ, por intermédio de sua unidade de pesquisa, o Instituto Brasileiro de Informação em Ciência e Tecnologia – IBICT e a Universidade Federal de Santa Catarina – UFSC. Florianópolis, 1996.

Discos
AUTOR (Compositor, Executor, Intérprete). Título. Direção artística (se houver). Local: Gravadora, número de rotações por minuto, sulco ou digital, número de canais sonoros. Número do disco.
DENVER, John. Poems, Prayers & Promises. São Paulo: RCA Records, 1974. 1 disco (38 min): 33 1/3 rpm, microssulco, estéreo. 104.4049.
COBOS, Luís. Suíte 1700: con The Royal Philharmoníc Orchestra. Rio de Janeiro: Sony Music, 1990. 1 disco (45 min.): 33 1/3 rpm, microssulcos, estéreo. 188163/1-467603.

Nota Caso seja referenciado apenas 1 lado do disco, a indicação deve ser feita pela abreviatura L., logo após a data. Em caso de coletânea, entrar pelo título.

TRACY CHAPMAN. São Paulo: Elektra, 1988. L. A, 1 disco (15 min.): 33 1/3 rpm, microssulco, estéreo. 670.4170-A.

Discos Compactos (CD – Compact discs)
A referência de discos compactos (*compact disc*) difere da referência do disco comum apenas pela indicação de compacto e pela forma de gravação.
JÓIAS da música. Manaus: Videolar Amazônica: [199?]. v.1. 1 disco compacto (47 min.): digital, estéreo. DL: M-23206-94. Parte integrante da revista Caras. Os Clássicos dos clássicos.
LUDWIG, Van Beethoven. Beethoven: com Pastoral Emporor Moonlight sonata. São Paulo: movie Play: 1993. 1 disco compact (60 + min.): digital, estéreo. GCH 2404. The Greatest Classical Hits.

Entrevistas

A entrada para entrevista é dada pelo nome do entrevistado. Quando o entrevistador tem maior destaque, entrar por seu nome. Para referenciar entrevistas gravadas, faz-se descrição física de acordo com o suporte adotado. Para entrevistas publicadas em periódicos, proceder como em documentos considerados em parte.

NOME DO ENTREVISTADO. Título. Referência da publicação. Nota de entrevista.

MELLO, Evaldo Cabral de. O passado no presente. Veja, São Paulo, n. 1528, p 9-11, 4 set. 1998. Entrevista concedida a João Gabriel de Lima.

Fitas Gravadas

AUTOR (Compositor, Intérprete). Título. Local: Gravadora, ano. Número e tipo de fitas (duração): tipo de gravação, Título de série, quando existir.

PANTANAL. São Paulo: Polygran, 1990. 1 cassete son. (90 min.): estéreo.

Filmes e Vídeos

TÍTULO. Autor e indicação de responsabilidade relevantes (Diretor, Produtor, Realizador, Roteirista e outros) . Coordenação (se houver). Local: Produtora e distribuidora, data. Descrição física com detalhes de n. de unidades, duração em minutos, sonoro ou mudo, legendas ou de gravação. Série, se houver. Notas especiais.

O NOME DA ROSA. Produção de Jean-Jaques Annaud. São Paulo: Tw Vídeo distribuidora, 1986. 1 Videocassete (130 min.): VHS, Ntsc, son., color. Legendado. Port.

PEDESTRIANT reconstruction. Produção de Jerry J. Eubanks, Tucson: Lawuers & Judges Publishing. 1994. 1 videocassete (40min.): VHS. NTSC, son., color. Sem narrativa. Didático.

Fotografias

A fotografia de obras de arte tem entrada pelo nome do autor do original, seguido do título e da indicação do nome do fotógrafo, precedido da abreviatura fot. Tratando-se de um conjunto de fotografias com suporte físico próprio como, por exemplo, um álbum. Esta informação deve preceder o número de fotos.

AUTOR (Fotógrafo ou nome do estúdio) Título. Ano. Número de unidades físicas: indicação de cor; dimensões.

KELLO, Foto & Vídeo. Escola Técnica Federal de Santa Catarina. 1997. 1 álbum (28 fot.): color.; 17,5 x 13 cm.

Mapas e Globos
AUTOR. Título. Local: Editora, ano. Número de unidades físicas: indicação de cor, altura X largura. Escala.

> **Nota** Ao indicar as dimensões do mapa, transcreve-se primeiro a altura. Referenciar globos como mapas, substituindo o número de unidades físicas pela designação globo e indicando, na dimensão, o diâmetro do globo em centímetros.

SANTA CATARINA. Departamento Estadual de Geografia e Cartografia. Mapa geral do Estado de Santa Catarina. [Florianópolis], 1958. 1 mapa: 78 x 57 cm. Escala: 1:800:000

Microfichas
　　Referenciar como a publicação original, mencionando-se ao final, o número de microfichas e redução, quando houver.
SPINELLI, Mauro. Estudo da motricidade articulatória e da memória auditiva em distúrbios específicos de desenvolvimento da fala. São Paulo, 1973. Tese (Doutorado em voz) – Pontifícia Universidade Católica de São Paulo. 3 microfichas.

Microfilmes
　　Referenciar como a publicação original, seguida da indicação de unidades físicas e da largura em milímetros. Sendo em negativo, usar a abreviatura neg., após o número de unidades físicas, precedida de dois pontos.
O ESTADO, Florianópolis. v. 27, n. 8283-8431. jul./dez. 1941. 1 bobina de microfilme, 35 m.

Slides (diapositivos)
AUTOR. Título. Local: Produtor, ano. Número de slides: indicação de cor; dimensões em cm.
A MODERNA arquitetura de Brasília. Washington: Pan American Development Foundation, [197?]. 10 *slides*, color. Acompanha texto.
AMORIM, Hélio Mendes de. Viver ou morrer. Rio de Janeiro: Sonoro-Vídeo, [197?]. 30 *slides*, color, audiocassete, 95 min.

4.11 Documentos Eletrônicos

Base de Dados em CD-ROM: no todo
AUTOR. Título. Local: Editora, data. Tipo de suporte. Notas.
INSTITUTO BRASILEIRO DE INFORMAÇÃO EM CIÊNCIA E TECNOLOGIA – IBICT. Bases de dados em Ciência e Tecnologia. Brasília: IBICT, n.1, 1996. CD-ROM.

Base de Dados em Cd-Rom: partes de documentos
AUTOR DA PARTE. Título da parte. In: AUTOR DO TODO. Título do todo. Local: Editora, data. Tipo de suporte. Notas.
PEIXOTO, Maria de Fátima Vieira. Função citação como fator de recuperação de uma rede de assunto. In: IBICT. Base de dados em Ciência e Tecnologia. Brasília: IBICT, n. 1, 1996. CD-ROM.

Electronic Mail (*E-mail*) (Correio eletrônico)
As informações devem ser retiradas, sempre que possível, do cabeçalho da mensagem recebida. Quando o *e-mail* for cópia, poderão ser acrescentados os demais destinatários após o primeiro, separados por ponto e vírgula.
AUTOR DA MENSAGEM. Assunto da mensagem. [mensagem pessoal]. Mensagem recebida por <e-mail do destinatário> data de recebimento, dia mês e ano.
MARINO, Anne Marie. TOEFL *briefing number* [mensagem pessoal]. Mensagem recebida por <educatorinfo@gets.org> em 12 maio 1998.
FTP – (*File Transfer Protocol*) (Servidor de Banco de Dados)
AUTOR (se conhecido). Título. Endereço ftp:, *login*:, caminho:, Data de acesso.

UNIVERSIDADE FEDERAL DE SANTA CATARINA. Biblioteca Universitária. Current directoryis/pub. <ftp:150.162.1.90>, login: anonymous, password: guest, caminho: Pub.
GATES, Garry. Shakespeare and his muse . <ftp://ftp.guten.net/bard/muse.txt.> 1 Oct. 1996.

Monografias consideradas no todo (*On-line*)
AUTOR. Título. Local (cidade): editora, data. Disponível em: <endereço> Acesso em: data.
O ESTADO DE SÃO PAULO. Manual de redação e estilo. São Paulo, 1997. Disponível em: <http://www1.estado.com.br/redac/manual.html> Acesso em: 19 maio 1998.

Publicações periódicas consideradas no todo (*On-line*)
TÍTULO DA PUBLICAÇÃO. LOCAL (cidade): Editora, vol., n., mês, ano. Disponível em: <endereço > Acesso em: data.
CIÊNCIA DA INFORMAÇÃO, Brasília, v.26. n.3, 1997. Disponível em: <http://www.ibict.br/cionline/ > Acesso em : 19 maio 1998.
Partes de publicações periódicas (*On-line*)

Artigos de periódicos (*On-line*)
AUTOR. Título do artigo. Título da publicação seriada, local, v., n., mês ano. Paginação ou indicação de tamanho. Disponível em: <Endereço>. Acesso em: data.
MALOFF, Joel. A internet e o valor da "internetização". Ciência da Informação, Brasília, v. 26, n. 3, 1997. Disponível em: <http://www.ibict.br/cionline/>. Acesso em: 18 maio 1998.

Artigos de Jornais (*On line*)
AUTOR. Título do artigo. Título do jornal, local, data de publicação, seção, caderno ou parte do jornal e a paginação correspondente. Disponível em: <Endereço>. Acesso em: data.

TAVES, Rodrigo França. Ministério corta pagamento de 46,5 mil professores. O Globo, Rio de Janeiro,19 maio 1998. Disponível em:<http://www.oglobo.com.br/>. Acesso em: 19 maio 1998.

UFSC não entrega lista ao MEC. Universidade Aberta: *on line*. Disponível em: <http://www.unaberta.ufsc.br/novaua/index.html> Acesso em:19 maio 1998.

Homepage (Página de Internet)
AUTOR. Título. Informações complementares (Coordenação, desenvolvida por, apresenta..., quando houver etc.). Disponível em: <Endereço>. Acesso em: data.
ETSnet. *Toefl on line: Test of English as a foreign lang*uage. Disponível em: <http://www.toefl.org>. Acesso em: 19 maio 1998.
UNIVERSIDADE FEDERAL DE SANTA CATARINA. Biblioteca Universitária. Serviço de Referência. Catálogos de Universidades. Apresenta endereços de Universidades nacionais e estrangeiras. Disponível em: <http://www.bu.ufsc.br>. Acesso em: 19 maio 1998.

5 REFERÊNCIAS

ASSOCIAÇÃO BRASILEIRA DE NORMAS TÉCNICAS (ABNT). **NBR 10520: informação e documentação:** citações em documentos: apresentação. Rio de Janeiro: ABNT, 2002.

_____. **Conheça a ABNT.** Disponível em: <http://www.abnt.org.br/m3.asp?cod_pagina=929>. Acesso em: 22 dez. 2010.

_____. **NBR 6023: informação e documentação: referências:** elaboração. Rio de Janeiro: ABNT, 2002.

_____. **NBR 6024: numeração progressiva das seções de um documento escrito:** apresentação. Rio de Janeiro: ABNT, 2003.

_____. **NBR 6027: informação e documentação: sumário:** apresentação. Rio de Janeiro: ABNT, 2003.

_____. **NBR 6028: informação e documentação: resumo:** apresentação. Rio de Janeiro: ABNT, 2003.

_____. **NBR 6034: informação e documentação:** índice – apresentação. Rio de Janeiro: ABNT, 2004.

_____. **NBR 10520: informação e documentação:** citações em documentos: apresentação. Rio de Janeiro: ABNT, 2002.

_____. **NBR 10719: informação e documentação:** apresentação de relatórios técnicos-científicos. Rio de Janeiro: ABNT, 1989.

_____. **NBR 14724: informação e documentação: trabalhos acadêmicos:** apresentação. Rio de Janeiro: ABNT, 2005.

_____. **NBR 15.287: informação e documentação: projeto de pesquisa:** apresentação. Rio de Janeiro: ABNT, 2005.

BRASIL. MINISTÉRIO DA EDUCAÇÃO E CULTURA (MEC). CONSELHO NACIONAL DE EDUCAÇÃO (CNE). **Resolução CNE/CP 3, de 18 de dezembro de 2002** - Institui as Diretrizes Curriculares Nacionais Gerais para a organização e o funcionamento dos cursos superiores de tecnologia. Disponível em:
<http://portal.mec.gov.br/setec/arquivos/pdf_legislacao/superior/legisla_superior_resol3.pdf>. Acesso em: 15 ago. 2010.

Check List *Trabalhos Acadêmicos*

■ **UAI-SÔ LUÇÃO Tecnologia da Informação / Divisão PRODUÇÃO de TEXTOS ACADÊMICOS**

Autor(es):_____ Trabalho:_____ Prazo:__/__/__
Elaborador(es):_____ Revisor(es): _____
Observações adicionais de relevância:

NORMAS A SEREM OBSERVADAS	SIM	NÃO
Os títulos primários estão em maiúsculas e em negrito?		
Os títulos secundários e menores estão em minúsculas e em negrito?		
Os parágrafos foram assinalados corretamente?		
O espaçamento entre linhas é de 1,5?		
O sumário foi construído devidamente?		
Há espaçamento entre títulos e textos?		
A numeração de páginas está na posição correta da página?		
O resumo e o abstract estão em espaço simples e sem parágrafo?		
Os títulos sem numeração estão centralizados e em maiúsculas?		
Os títulos numerados iniciam-se na posição correta (esquerda ou centralizado)?		
As partes pré-textuais estão contadas, mas não numeradas?		

NORMAS A SEREM OBSERVADAS	SIM	NÃO
Há algum sinal entre a numeração e o título? (não pode haver)		
As citações breves (menos de três linhas) estão no texto, com o mesmo tipo de letra e entre aspas?		
As citações longas estão: à com recuo de 4 (quatro) centímetros a partir da margem esquerda (não é da folha)?		
à em fonte arial ou times new roman, tamanho 10?		
à em espaço de linha simples? sem aspas?		
à há espaçamento de linha antes e depois da citação longa?		
O autor, ano e página da citação estão corretamente indicados?		
Quanto às referências, todas as fontes foram listadas?		
à a ordem de apresentação (alfabética) está correta?		
à a ordem dos elementos (autor, obra, edição, título, local, editora, ano, número de páginas) está correta?		
Os anexos foram mencionados no texto?		
As referências bibliográficas estão alinhadas à esquerda, com os sobrenomes de todos os autores em maiúsculas, com espaço simples dentro do texto de uma mesma referência e com dois espaços duplos entre elas?		
As referências bibliográficas estão dispostas em ordem alfabética crescente e há espelhamento destas referências entre o texto e a lista?		

Conteúdo	Satisfatório	Parcialmente Satisfatório	Insatisfatório
Coerência entre os textos			
Clareza de idéias			
Plano de trabalho viável e bem elaborado			
Questões gramaticais e ortográficas			
Exageros			
Lugares-comuns			

Observações adicionais de relevância:_____

_____

Processo resumido para a normalização padrão ABNT para graduação

Sequência de tarefas

1. Padronizar as margens de todas as folhas como tamanho A4 (21 X 29,7cm), em formato Retrato, com cabeçalhos e rodapés distantes 2cm das margens superior e inferior, respectivamente; o tipo da fonte em Arial tamanho 12 (exceto quando a instituição exige Times New Roman) e eliminar de qualquer texto os recursos Negrito, Itálico, Sublinhado, Sobrescrito, Subscrito etc.;

2. Padronizar os parágrafos em: Alinhamento – Justificado, Nível de tópico – Corpo de texto, Recuos Esquerdo e Direito – 0 (zero) cm, Especial – Nenhum (deslocamento), Espaçamentos – Antes e Depois – 0 (zero) cm, Entrelinhas – 1,5 cm;

3. Padronizar os títulos primários em corpo 14, maiúsculas, Negrito;

4. Padronizar os títulos secundários em corpo 14, maiúsculas, Sem Negrito;

5. Padronizar os títulos terciários em corpo 14, somente a primeira letra da primeira palavra em maiúscula e o restante em minúsculas, negrito;

6. Padronizar os títulos quaternários em corpo 14, somente a primeira letra da primeira palavra em maiúscula e o restante em minúsculas, sem negrito;

7. Padronizar as citações diretas longas (texto em cópia fiel do(s) autor(es) com mais de três linhas) em Espaçamento Simples, Recuo Esquerdo 4cm, tamanho da fonte em 10 pontos, Arial (exceto quando a instituição exige Times New Roman) e Criar na Caixa de Tipo de Texto o Box "Citação direta longa", para automatizar esta tarefa nas próximas citações idênticas, corrigir o(s) sobrenome(s) do(s) autor(es) no fim da citação para maiúsculas, corrigir o ano do trabalho e a(s) página(s), fonte ENTRE PARÊNTESES, SEM ASPAS;

8. Padronizar as citações diretas curtas (texto em cópia fiel do(s) autor(es) com até três linhas) em Espaçamento 1,5 linha, Sem Recuo, tamanho da fonte em 12 pontos (Normal do restante do texto do trabalho), Arial (exceto quando a instituição exige Times New Roman), corrigir o(s) sobrenome(s) do(s) autor(es) no início ou fim da citação para primeira letra do(s) nome(s) em maiúsculas e o restante em minúsculas, corrigir o ano do trabalho e a(s) página(s); ENTRE ASPAS somente o texto copiado e não o(s) nome(s) do(s) autor(es), ano e página(s);

9. Padronizar as Paráfrases (texto interpretado a partir de leitura de autor(es)), cujo texto resultante não se destaca nem com ASPAS, nem com PARÊNTESES, NEM COM NEGRITO OU ITÁLICO, devendo permanecer acompanhando a grafia do texto normal do restante do trabalho, levando, ao final do texto parafraseado, o(s) nome(s) do(s) autor(es) e o ano da obra da qual foi feita a paráfrase;

10. Efetuar uma leitura final, calmamente, em busca de problemas e exibir visualização de impressão, para verificar se haverá problemas quando for imprimir.